中國學術思想 研究輯刊

三二編

林慶彰 主編

第5冊

先民生存的艱難與悲喜
——《國風》讀注（修訂版）（上）

白鳳鳴 著

花木蘭文化事業有限公司

國家圖書館出版品預行編目資料

先民生存的艱難與悲喜——《國風》讀注（修訂版）（上）／
白鳳鳴 著 -- 初版 -- 新北市：花木蘭文化事業有限公司，
2020〔民 109〕
序 4+ 目 6+140 面；19×26 公分
（中國學術思想研究輯刊 三二編；第 5 冊）
ISBN 978-986-518-277-9（精裝）
1. 詩經 2. 注釋
030.8   109011231

ISBN-978-986-518-277-9

9 789865 182779

中國學術思想研究輯刊
三二編　第五冊　　　　　ISBN：978-986-518-277-9

先民生存的艱難與悲喜
——《國風》讀注（修訂版）（上）

作　　者　白鳳鳴
主　　編　林慶彰
總 編 輯　杜潔祥
副總編輯　楊嘉樂
編　　輯　許郁翎、張雅淋　美術編輯　陳逸婷
出　　版　花木蘭文化事業有限公司
發 行 人　高小娟
聯絡地址　235 新北市中和區中安街七二號十三樓
　　　　　電話：02-2923-1455 ／傳真：02-2923-1452
網　　址　http://www.huamulan.tw 信箱 hml810518@gmail.com
印　　刷　普羅文化出版廣告事業
封面設計　劉開工作室
初　　版　2020 年 9 月
全書字數　256692 字
定　　價　三二編 24 冊（精裝）新台幣 60,000 元　　版權所有・請勿翻印

先民生存的艱難與悲喜
——《國風》讀注（修訂版）（上）

白鳳鳴　著

作者簡介

白鳳鳴，1961 年生，文科出身，高級經濟師。著有《荒原獨語》（散文集，陝西人民出版社，1998 年）、《先民生存的艱難與悲喜——〈國風〉讀注》（中國社會科學出版社，2011 年）、《〈詩經〉敘事與一代王朝的焦慮——小、大〈雅〉讀注》（上、中、下）（花木蘭文化事業有限公司，2019 年）。

提　要

　　這是一部關於《詩經·國風》的書。將《詩經》稱為「文學」是後人所為。那時的人們並未歸納出什麼是「文學」，他們只是覺得需要表達和「發表」。作者沒有單從文學的維度去作所謂的「賞析」，也沒有以今人之觀念去推演古人，而是回到《詩經》時代——於《國風》來說應該是春秋時代的語境中，逐一體味十五「國」地域上的「風」詩一百六十首，真切地感受他們的心理和想法；在先秦歷史和春秋時世的大背景之下，透過先民的歌詩看到那個時代的社會與人生，讀得先民生存的艱難與悲喜，看得先民的心志情緣和多視角下的生存狀態。

周代思想的天空和大地高遠廣袤已然
（代序）

　　阮刻本《詩經》不是足本。拋開孔子是否刪詩三千為三百不說（《史記·孔子世家》、《儒林列傳》、《尚書序》），至少許多先秦兩漢古籍中的引《詩》不見於今本《詩經》是不爭的事實。《儀禮·鄉飲酒禮》所引，從其所敘情節看，應是同為《小雅》「鹿鳴之什」和「南有嘉魚之什」兩組中的詩，但其中六首於《詩經》中是不見的。南宋·陳善《捫虱新話》曰：「《魚麗》之後，亡其三篇，曰《南陔》、《白華》、《華黍》也。《南有嘉魚》、《南山有臺》之後亡其三篇，曰《由庚》、《崇丘》、《由儀》也。……此六詩者，皆於笙奏之。然當秦火之先，何此六笙詩獨亡？」《禮記·射儀》：「天子以《騶虞》為節，諸侯以《狸首》為節，卿、大夫以《采蘋》為節，士以《采蘩》為節。」其一、三、四者，均為《召南》篇，其二《狸首》則於《詩經》中不見。《商頌》今見《那》、《烈祖》、《玄鳥》、《長發》、《殷武》五篇，但《國語·魯語下》「閔馬父笑子服景伯」中則有「昔正考父校商之名頌十二篇於周太師，以《那》為首」之說，如是則《商頌》中至少有七首詩軼失了。清嘉慶年間的郝懿行《郝氏遺書》中有《詩經拾遺》一卷，鄭振鐸在《關於〈詩經〉研究的重要書籍介紹》中說「此書搜集《詩經》以外的逸詩頗備」。所謂「逸詩」是指未被收入《詩經》而言──如魯迅所言「王官們檢出它可作行政上參考的記錄了下來，此外消滅的正不知有多少」（《且界亭雜文·門外文談》）。隨著出土文獻的不斷增多，大量與《詩經》相關新的材料被發現，近、當代學者已不斷考證出一些新的逸詩來，這也是必然的。

　　《詩經》也不是最早的詩。「麥秀漸漸兮，禾黍油油。彼狡童兮，不與我好兮。」這首《麥秀歌》放在《詩經》裏的任一「風」中，都是上乘之作，然而卻是紂王的叔父箕子所作，是商朝的詩──在儒家「故事」系列中一直是這樣說的。

　　《詩經》更不是西周初年至春秋中下葉五百多年詩歌的集成和大全，已有完備的文字和「禮樂」繁盛的周代，不可能一年產生不了一首能夠記錄下來的詩。更何況西周、春秋兩朝並十五國地域上產生的「詩」，又何以皆為今本所見四言和基本統一的句式結構呢？

　　明人馮惟訥《古詩紀》一百五十六卷前十卷輯錄先秦古逸詩（清初馮舒作《詩紀匡謬》以糾其失，清末民初楊守敬針對其所漏和不注出處撰《古詩存目》，逐篇為之索引的同時補其未及）。清乾隆年間的沈德潛所編《古詩源》卷一，載古歌謠一百零三題百三十二首。迨至逯欽立先生《先秦漢魏晉南北朝詩》中，先秦歌謠詩諺已錄至歌七十八首，謠二十九首，雜辭十六首，詩十三首，逸詩三十二題五十五首，古諺四十五題九十二條，皆詳明出處。若干年後，這個數字的再增將是肯定的。

　　《詩經》最初只是《詩》，《莊子・天運篇》「孔子謂老聃曰：『丘治《詩》、《書》、《禮》、《樂》、《易》、《春秋》六經，自以為久矣』」──大概自孔子刪「詩」以後就成為了「詩經」。《史記・儒林列傳》「申公獨以《詩》經為訓以教」，此「經」當已是指儒家的「經典」而言了。之前的董仲舒已向漢武帝力舉「推明孔氏，抑黜百家」，《詩》與《書》、《禮》、《易》、《春秋》並為五「經」，毛亨、毛萇傳《詩》可謂正合時宜──當儒說在漢代成為國家意識形態時，《毛詩故訓傳》的出現絕非偶然。

　　《詩大序》（無法確定其作者究竟是誰）言「先王」以詩「經夫婦，成孝敬，厚人倫，美教化、移風俗」，也指出了「上以風化下，下以風刺上，主文而譎諫，言之者無罪，聞之者足以戒」和「明乎得失之跡，傷人倫之廢，哀刑政之苛，吟詠情性，以風其上，達於事變而懷其舊俗者也」的「詩」之功用。如此，似乎已不難理解其《小序》「刺」「美」之旨的提出，畢竟儒家曾有過「禮樂」教化「天下」之理想。而至東漢鄭玄箋《詩》，已是秦漢帝制之後深重的專制集權與極權政治之下的思想表現──向皇權獻媚成為「經稟聖裁，垂型萬世」之「經學」──所謂「國家學術」之最主要特徵。

　　兩漢以降歷宋元明清，歷代儒門囿於「經學」解《詩》已人所共知。事實上不同意識形態下對《詩經》的闡釋並不止於前人（參《四庫全書總目經部總敘》、皮錫瑞《經學歷史》）──直至20世紀50年代，中國大陸一些《詩經》的解注本於相當部分的作品在推翻舊說的同時，其趨附政治之「新說」也可謂驚世駭俗。

　　剝除裹纏其身之「經學」，《詩經》彌足珍貴的文本使我們透過歌詩看到了先民的心志緣情，看到了他們多視角下的生存狀態。《國風》中處處彌漫著的憂傷和迷離，讓我們感受到了人類少青時期的心理孤獨和今天人們的迷惘在生命哲學的意義上原是一脈相承的。走進《詩經》深處探尋其「思想原點」，便能看到周代──人類文明「軸心時代」中國思想的天空和大地高遠廣袤已然。西周、春秋人們於這個世界已是異常敏感，他們的感受來自內心的不能承受之輕重，來自現實的體驗與遭遇。他們以「詩」為載體於自然、社會以及生命的認知和感悟思泉涌流，某種意義上已先行澆灌了其後戰國時期諸子百家廣闊的思想沃野。

　　這本《先民生存的艱難與悲喜》不是一本考證《詩經》的著作，只是一本讀《詩》劄記。限於《國風》，一是自覺學力不及深涉《雅》、《頌》，二是以為《國風》對題目的支持性可能要更強一些，文學的「民間記憶」不是歷史但可以豐富和補充歷史──春秋，遍地廝殺和陰謀的「革命」時代，人民「想做奴隸而不得」的時代。姑且不論「民歌說」和「非民歌說」（學術研究往往不是簡單的非此即彼問題，但《國風》至少不是現代意義上的民歌。顧炎武「『七月流火』，農夫之辭也；『三星在天』，婦人之語也，『月離于畢』，戍卒之作也；『龍尾伏晨』，兒童之謠也」並不成立，「三代以上人人皆知天文」，更多的是一種情緒和情感表達[1]），畢竟《國風》在文本上所顯現出的「原生態性」要比《雅》、《頌》明顯得多；西周滅亡，古典專制主義時代的「學在官府」漸趨式微，民人有了「在心為志，發言為詩」的「文學」權利；而況《漢書‧食貨志》「孟春三月，群居者將散，行人振木鐸徇於路以采詩」，《藝文志》「古有采詩之官，王者所以觀風俗、知得失，自考正也」，《公羊傳‧宣公十五年》何休注「男年六十、女年五十無子者，官衣食之，使之民間求詩，鄉

1　《日知錄》卷三十。「七月流火」、「三星在天」、「月離于畢」、「龍尾伏晨」分別見《豳（bīn）風‧七月》、《唐風‧綢繆》、《小雅‧漸漸之石》、《左傳‧僖公五年》。《左傳》列入不到「三代」之作。

移於邑，邑移於國，國以聞於天子，故王者不出牖戶盡知天下所苦，不下堂而知四方」；《禮記・王制》「天子五年一巡狩……命太師陳詩以觀民風」；《國語・周語上》「天子聽政，使公卿至於列士獻詩」，《晉語六》「古之王者，政德既成，又聽於民，於是乎使工誦諫於朝，在列者獻詩……」在「傳統」之構成和「文化」史的意義上，還需容得「典籍」之說——儒家的「善待歷史」總使人將無數的「故事」信以為真。

出於文本閱讀之需，本書於詞語也同樣進了注釋。注釋盡可能地集相關之說以作佐證，有些引有例證，有些並附旁解；有的釋文和引辭可能稍嫌過長和繁瑣了一些，但反覆考慮，覺得有些詞語的使用還是要作盡可能的交代與說明。

《詩經》可讀可「意」而不可譯——儘管語境的遙遠使其中有些章節的句子的確古奧難讀，但如何好強迫兩千多年前的古人說今語呢？何況是以詩歌的形式。在《詩經》譯注本到處可見的今天，本書對原詩沒有進行「翻譯」，理由是古人的文字和句式、語感今人是不能「譯」出來的，同種語言下「譯詩」的命題也許原本就不能成立。讀《詩》的唯一途徑是回到西周、春秋的歷史語境中感受周人的心理和想法，從而把握原詩的整體意蘊，僅僅停留在在「文學」的層面上是遠遠不夠的。而於「大序」、「小序」和毛傳、鄭箋、孔疏，則需置於中國思想史視野下甄鑒之——「經學」，一種圍繞皇權政治的觀念集合，一種現象，一種「文化」的歷史反映。

目

次

周南　召南

　　何為「南」,「二南」在何？鄭玄《周南召南譜》:「周、召者,《禹貢》雍州岐山之陽地名……地形險阻而原田肥美。周之先公曰大王者,避狄難,自豳始遷焉,而修德建王業。商王帝乙之初,命其子王季為西伯。至紂,又命文王典治南國江、漢、汝旁之諸侯。於時二分天下有其二,以服事殷,故雍、梁、荊、豫、徐、揚之人,咸被其德而從之。文王受命,作邑于豐,乃分岐邦。周、召之地,為周公旦、召公奭之埰地,施先公之教於己所職之國。武王伐紂,定天下,巡守述職,陳誦諸國之詩,以觀民風俗。六州者得二公之德教尤純,故獨錄之,屬之大師,分而國之。其得聖人之化者謂之《周南》,得賢人之化者謂之《召南》,言二公之德教自岐而行於南國也。乃棄其餘,謂此為風之正經。」

　　朱熹《詩集傳》:「周,國名。南,南方諸侯之國也。周國本在《禹貢》雍州境內岐山之陽,后稷十三世孫古公亶父始居其地。傳子王季歷,至孫文王昌,闢國浸廣（引按:浸音 jìn,浸廣,漸多）。於是徙都於豐,而分岐周故地以為周公旦、召公奭（shì）之埰邑,且使周公為政於國中,而召公宣布於諸侯。於是德化大成於內,而南方諸侯之國,江沱漢汝之間,莫不從化。蓋三分天下而有其二焉。至子武王發,又遷於鎬,遂克商而有天下。武王崩,子成王誦立。周公相之,制作禮樂,乃采文王之世風化所及民俗之詩……蓋其得之國中者,雜以南國之詩,而謂之《周南》。言自天子之國而被於諸侯,不但國中而已也,其得之南國者,則直謂之《召南》。」

　　「三分天下有其二」,孔子言「周德」而編造（《論語·泰伯》）。「文王」作為殷商「西伯」佔領「南國」是武力之結果而非「典治」、「德化」;周公「制

禮作樂」采「文王之世風化所及民俗之詩」、武王「巡守述職，陳誦諸國之詩，以觀民風俗」者，則更是「經學」之言。

清人方玉潤《詩經原始》：「竊謂『南』者，周以南之地也。大略所采詩皆周南詩多，故命之曰《周南》。」「武王得天下後，封旦於周，即封奭於召，以為埰邑，周、召二公之號由此起。其所采民間歌謠，有與公涉者，有與公無涉者，均謂之《召南》，蓋皆召以南之詩，故亦《南》之而已。」依《鄭譜》在地域上區分《二南》，但其「南面地方最廣」的說法是沒有問題的——

王應麟《困學紀聞》（卷三）引林艾軒：「《詩》之萌芽，自楚人發之，故云：『江、漢之域，《詩》一變而為《楚辭》，屈原為之唱。』是文章鼓吹，多出於楚也。」近人劉師培《南北文學不同論》「《二南》之詩，感物興懷，引辭表旨，譬物連類，比興二體，厥制亦繁，構造虛詞，不標實跡，與二雅迥殊。至於哀窈窕而思賢才，詠漢廣而思游女，屈宋之作，於此起源」。而胡適《談談詩經》言《二南》許多提及江、漢、汝水之地正是後來的「楚」之疆域——《二南》或有「楚風」在內，[1]但說《二南》就是《楚風》未勉有些絕對化了。

《二南》詩世，「經學」之說自不足以為信。以其內容以及詞語和句式風格看，當為平王東遷以後之作品，甚至不排除有春秋中後期作品。以《史記·楚世家》和《左傳》所紀鐵血歷史，其楚地之「詩」或所寫楚地之「詩」應該是剛性、凝重而富有張力的。然《二南》二十五首詩中，除《卷耳》、《汝墳》和《殷其靁》、《小星》等略帶憂怨外，很難找到一首真正意義上的「戰爭詩」甚至「怨刺詩」。相反，《二南》更多顯現出的卻是一種悠遠和綿長，一種克制、內斂和執著，一種對生命的珍視、禮讚和對未來的憧憬；《桃夭》、《何彼襛矣》等甚至給人以十分溫怡和美之感，這或於周公之「周」、召公之「召」有關。歷史的深遠使兩千多年前的「文學」神秘而複雜……

〔1〕魏源《詩古微·二南義例篇下》：「考《楚地記》曰：漢江之北為南陽，漢江之南為南郡。蓋漢世南郡兼湖北荊州、宜昌、施南、襄陽四府之地，南陽兼今河南南陽府、汝州之地。故《周南》之詩曰《汝墳》、曰《江永漢廣》（按：原文如此。阮刻本《二南》中無《江永》篇，《漢廣》中有「江之永矣」句），是其境東北至汝，南至江，北至漢也；《召南》之詩曰『江沱』，是其境西北至蜀，東南至南郡也。」

周南·關雎

　　「故《易》基《乾》《坤》，《詩》始《關雎》，《書》美釐降，《春秋》譏不親迎。夫婦之際，人道之大倫也。禮之用，唯婚姻為兢兢。夫樂調而四時和，陰陽之變，萬物之統也。可不慎與？」[1]一部《詩經》散點透視般呈現出了從西周到春秋數百年不同時空下的世事播遷和人間情態，為首的卻正是這篇意味深長的「愛情詩」。[2]

　　在先秦諸多書寫愛情的詩歌作品中，在文學與「象徵」的意義上，與《關雎》相「雌雄」者是《越人歌》。[3]《關雎》秋水般悠遠綿長的愛意——以「秋士感陰氣而思女」（《豳風·七月》鄭玄箋語），這應該是一條秋天的河流，在《越人歌》裏——同樣是在河中，變成了令人顫悸的樹木般無言之寂寞，「心說君兮君不知⋯⋯」[4]

　　關關雎鳩，關關：摹水鳥相和之聲。《玉篇》：「關關，和鳴也。」雎鳩（jūjiū）：一種水鳥，相傳雌雄專一。朱熹《詩集傳》（以下通紀《集傳》）：「生有定耦而不相亂，耦（偶）常並遊而不相狎。」王先謙《詩三家義集疏》（以下通紀《集疏》）引《淮南子·泰族訓》：「《關雎》興於鳥，而君子美之，為其雌雄之不乖居也。」「『不乖居』，言不亂耦。」**在河之洲。**洲：水中之陸地。《毛詩詁訓傳》（以下通紀《毛傳》）：「水中可居者曰洲。」**窈窕淑女，**窈窕（yǎotiǎo）：文靜美麗。《毛傳》：「窈窕，幽閒也。淑，善。⋯⋯幽閒貞專之善女，宜為君子好匹。」馬瑞辰《毛詩傳箋通釋》（以下通紀《通釋》）：「《方言》：『窈，美也。陳、楚、周南之間曰窈。秦、晉之間，凡美色或謂之好，或謂之窕。』又曰：『秦、晉之間，美心為窈，美狀為窕。』」又姚恒際《詩經通論》（以下通紀《通論》）：「窈窕二字從穴，與窬（yú）、窩等字同，猶後世言深閨之意。」漢樂府《孔雀東南飛》有「窈窕世無雙」、「窈窕艷城郭」句。**君子好逑。**好逑（hǎoqiú）：好（愛慕）而匹（欲成其偶）之。《毛傳》：「逑，匹也。」《禮記·緇衣》引作「仇」。陸德明《經典釋文》（以下通紀《釋文》）：「逑，本亦作仇。」《爾雅·釋詁》：「仇，匹也，合也。」曹植《浮萍篇》有「結髮辭嚴親，來為君子仇」句。

參差荇菜，參差（cēncī）：高低錯落貌。荇（xìng）菜：一種可食的多年生水草。**左右流之。**流：尋求。《毛傳》：「流，求也。」朱熹《集傳》：「流，順水之流而取之也。」**窈窕淑女，寤寐求之。**寤寐（wùmèi）：醒為寤，睡為寐。《毛傳》：「寤，覺，寐，寢也。」朱熹《集傳》：「或寤或寐，言無時也。」馬瑞辰《通釋》：「寤寐，猶夢寐也。」

求之不得，寤寐思服。思：語助詞。馬瑞辰《通釋》：「思服之思為語助，與『旨酒思柔』句法相類。」所引「旨酒思柔」為《小雅·桑扈》句。陳奐《詩毛氏傳疏》（以下通紀《傳疏》）：「《漢廣》、《文王》傳皆云：『思，詞也。』思為句首句末之詞，又為句中之詞。」服：思念，想念。《毛傳》：「服，思之也。」**悠哉悠哉，**悠哉：悠長意。《毛傳》：「悠，思也。」鄭玄《毛詩傳箋》（以下通紀《鄭箋》）：「思之哉！思之哉，言己誠思之。」**輾轉反側。**輾：《鄭箋》：「臥而不周曰輾。」反側：反身，側身。輾轉反側，形容翻來覆去不能入睡，心有所思。

參差荇菜，左右采之。窈窕淑女，琴瑟友之。琴、瑟：古撥弦樂器，琴五、七絃，瑟二十五弦。琴瑟協奏，祥和協調。《小雅·常棣》「妻子好合，如鼓瑟琴」。劉峻《廣絕交論》「心同琴瑟，言鬱鬱於蘭茞（茞音chǎi，一種香草，或即白芷）」。友：用為動詞，親愛。《毛傳》：「宜以琴瑟友樂之。」朱熹《集傳》：「友者，親愛之意也。」

參差荇菜，左右芼之。芼（mào）：擇取，挑選，採摘。《毛傳》：「芼。擇也。」**窈窕淑女，鍾鼓樂之。**鍾鼓：鼓鍾，鼓用為動詞。按：要之不得以為名詞，鍾鼓轟鳴，意不相協。樂（lè）：使動用法，使……快樂。「樂之」與上「求之」、「友之」相應。姚際恒《通論》論及此詩第三章時曰：「此四句『寤寐求之』之下，『友之』『樂之』二章之上，承上遞下，通篇精神全在此處。蓋必著此四句，方使下『友』『樂』二義快足滿意。」黃焯《毛詩鄭箋平議》（以下通紀《平議》）：「此篇皆詩人反覆詠歎之詞。二章設言其未得之思，三章設言其既得之樂爾。」聞一多《風詩類鈔》（以下通紀《類鈔》）：「《關雎》，女子採荇於河濱，君子見而悅之。」

〔1〕《史記‧外戚世家》。釐降：指堯女（娥皇、女英）下嫁舜。《虞書‧堯典》「釐降二女於媯汭，嬪於虞」，偽孔傳：「降，下嬪（pín）婦也，舜為匹夫，能以義理下帝女之心於所居媯（guī）水之汭（ruì），使行婦道於虞氏。」孔穎達疏：「《周禮》九嬪之職『掌婦學之法』，嬪是婦之別名，故以『嬪』為婦。『釐降』，未能以義理下之，則女意初時不下，故傳解之，言舜為匹夫，帝女下嫁，以貴適賤，必自驕矜，故美舜能以義理下帝女尊亢之心於所居媯水之汭，使之服行婦道於虞氏。『虞』與『媯汭』為一地，見其心下，乃行婦道，故分為二文。言『匹夫』者，士大夫已（以）上則有妾媵，庶人無妾媵，惟夫妻相匹，其名既定，雖單亦通，謂之匹夫匹婦。」《春秋》譏不親迎，《春秋‧隱公二年》紀國大夫裂繻（xū）往魯國為其國君迎娶魯隱公之女：「九月，紀裂繻來逆女。」逆，迎。《公羊傳》認為《春秋》這樣記載是「譏不親迎也」。

〔2〕《詩大序》：「《關雎》，后妃之德也。……是以《關雎》樂得淑女以配君子，憂在進賢，不淫其色。哀窈窕，思賢才，而無傷善之心焉（鄭玄注：「『哀』謂中心恕之，無傷善之心，謂好逑也。」賈誼《新書‧道術》「以己量人謂之恕」），是《關雎》之義也。」

所謂「后妃」（《禮記‧曲禮下》「天子之妃曰『后』」，鄭玄注：「后之言後也。」孔穎達謂「執理內事，在夫之後也」），以「經學」和儒家之「史」說，是指后稷之母姜嫄的第十五世孫媳，文王之妻、武王之母「大姒」。《外戚世家》「周之興也以姜原及大任」——「大任」是季歷之妻、文王之母，作為「周室三母」之一的大姒秉承大任及「大姜」（季歷的父親古公亶父之妻）之「德」，生了包括武王、周公在內的十個兒子，「文王治外，文母治內」，相夫教子而母儀「天下」，春秋時正好有一首相宜之詩——解《詩》漢人要獻給她，倒也無妨。

〔3〕取逯欽立《先秦漢魏晉南北朝詩》者，（北京）中華書局 1983 年版（標點、注音引者加）：

今夕何夕兮？搴（qiān）洲中流。

今日何日兮？得與王子同舟。

蒙羞被好兮，不訾（zǐ）詬恥。

心幾煩而不絕兮，得知王子。

山有木兮木有枝，

心說君兮君不知。

〔4〕席慕蓉《在黑暗的河流上──讀〈越人歌〉之後》：

燈火燦爛　是怎樣美麗的夜晚

你微笑前來緩緩指引我渡向彼岸

（今夕何夕兮　中搴洲流

今日何日兮　得與王子同舟）

那滿漲的潮汐

是我胸懷中滿漲起來的愛意

怎樣美麗而又慌亂的夜晚啊

請原諒我不得不用歌聲

向俯視著我的星空輕輕呼喚

群星聚集的天空　總不如

坐在船首的你光華奪目

我幾乎要錯認也可以擁有靠近的幸福

從卑微的角落遠遠仰望

水波蕩漾　無人能解我的悲傷

（蒙羞被好兮　不訾羞恥

心幾煩而不絕兮　得知王子）

所有的生命在陷身之前

不是不知道應該閃避應該逃離

可是在這樣美麗的夜晚裏啊

藏著一種渴望卻絕不容許

只求　只求能得到你目光流轉處

一瞬間的愛憐　從心到肌膚

我是飛蛾奔向炙熱的火焰

燃燒之後　必成灰燼　但是如果不肯燃燒

往後我又能剩下些什麼呢　除了一顆

逐漸粗糙　逐漸碎裂

逐漸在塵埃中失去了光澤的心

我於是撲向烈火

撲向命運在暗處布下的誘惑

用我清越的歌　用我真摯的詩

用一個自小溫順羞怯的女子

一生中所能

為你準備的極致

在傳說裏他們喜歡加上美滿的結局

只有我才知道　隔著霧濕的蘆葦

我是怎樣目送著你漸漸遠去

（山有木兮木有枝　心悅君兮

君不知）

當燈火逐盞熄滅　歌聲停歇

在黑暗的河流上被你所遺落了的一切

終於　只能成為

星空下被多少人靜靜傳誦著的

你的昔日　我的昨夜

　　附記：「越人歌」相傳是中國第一首譯詩。鄂君子晰泛舟河中，打槳的越女愛慕他，用越語唱了一首歌，鄂君請人用楚語譯出，就是這一首美麗的情詩。有人說鄂君在聽懂了這首歌，明白了越女的心之後，就微笑著把她帶回去了。

　　但是，在黑暗的河流上，我們所知道的結局不是這樣。

　　（《等你，在雨中——臺灣情詩選》，中國友誼出版公司，1989 年。席慕蓉先生所附《越人歌》個別字句與逯欽立《先秦漢魏晉南北朝詩》中者不同）

周南・葛覃

　　一個有「師氏」輔教的女子，應該不是採葛製衣的「女工」。無論「貴族婦女」抑或「后妃」，[1]「施（yì）于中谷」、「維葉萋萋」的葛藤和聲聲黃鶯的婉轉鳴唱惹起了她於遠方父母的思念——春秋宗法制的解體或使「婦德」[2]回歸到了人之本原。為不失為人女、為人妻、為人母的體面和尊嚴，不顧勞作之苦而「薄汙（wū）我私，薄澣（huàn）我衣」，但終歸「害澣害否」就

匆匆收拾上路了——高高的山頭雲霧繚繞，太陽出來了，一抹喜悅掛在了她汗浸浸的臉上。看望了父母，歸來還得趕緊「是刈是濩」和「為絺（chī）為綌（xì）」呢——這是屬於她個人的尊貴之處。

　　葛之覃兮，葛：一種藤本植物，其莖表有纖維，可織成粗布。覃（tán）：《毛傳》：「覃，延也。」《鄭箋》：「葛延蔓於谷中。」孔穎達疏（以下通紀《孔疏》）引王肅云：「葛生於此，延蔓於彼。」**施于中谷**，施：蔓延。《毛傳》：「施，移也。」**維葉萋萋**。維：句首助詞，加強和肯定語氣。萋萋：《毛傳》：「茂盛貌。」**黃鳥于飛**，黃鳥：黃雀。《孔疏》引陸璣《毛詩草木鳥獸蟲魚疏》（以下通紀《陸疏》）：「黃鳥，黃鸝留也。或謂之黃栗留。幽州人謂之黃鶯……當甚熟時，來在桑間，故俚語曰：『黃栗留，看我麥黃甚熟不。』」于：助詞，動詞前強調語氣。胡適在《談談詩經》中認為「于」字等於「焉」字，上古文法中將「飛焉」倒裝為「于飛」，「黃鳥于飛」即「黃鳥在那兒飛」，《邶風·燕燕》中的「燕燕于飛」即「燕燕在那兒飛」。**集于灌木，其鳴喈喈**。喈喈（jiējiē）：摹黃鳥唱和之聲。《毛傳》：「喈喈，和聲之遠聞也。」《孔疏》：「當此葛延蔓之時，有黃鳥往飛，集於叢木之上，其鳴之聲喈喈然遠聞……」

　　葛之覃兮，施于中谷，維葉莫莫。莫莫：茂密貌。朱熹《集傳》：「莫莫，茂密貌。」《孔疏》：「葛之漸延蔓兮，所移在於谷中，生長不已，其葉則莫莫然成就。」**是刈是濩**，是：於是；乃。刈（yì）：割。濩（huò）：煮。《爾雅·釋訓》：「濩，煮之也。」《孔疏》：「於是刈取之，於是濩煮之。」**為絺為綌**，為：做，作。絺：葛布之精者，多做夏衣。《南朝樂府·子夜四時歌》夏歌：「當暑理絺服，持寄與行人。」綌：葛布之粗者。《毛傳》：「葛所以為絺綌，精曰絺，粗曰綌。」《說文》：「絺，細葛也。」「綌，粗葛也。」**服之無斁**。服：整，治。《鄭箋》：「服，整也。……以絺綌煩辱之事，乃能整治之無厭倦，是其性貞專。」朱熹《集傳》：「蓋親執其勞，而知其成之不易，所以心誠愛之，雖極垢弊而不忍厭棄也。」斁（yì）：《毛傳》：「厭也。」聞一多《類鈔》：「無斁，謂無已時也。」

　　言告師氏，言：動詞前助詞。朱熹《集傳》：「言，辭也。」胡適在《詩三百言字解》中認為此「言」及下句二「言」字、《周南·芣苢》「薄言采之」、《召南·采蘩》「薄言還歸」、《邶風·柏舟》「薄言往愬」、《衛風·氓》「言既遂也」、《秦風·小戎》「言念君子」等「言」皆作「乃」解。師氏：《毛傳》：「師，女師也。古者女師教以婦德、婦言、婦容、婦功。」陳奐《傳疏》：「女師與傅母異，女師者，教女之師，在公宮宗室，不隨行，傅母則隨女同行。」所謂「傅母」，即負責輔教、保育「貴族」子女的婦人，類《禮儀·士昏禮》中提到的負責伺隨新娘的「姆」。又聞一多《詩經通義》（以下通紀《通義》）：「氏師之名，雖若甚尊，其職則甚卑，因知所謂德、言、容、功者，亦不過俗常日用之委瑣細故，論其性質，直今傭婦之事耳。」**言告言歸。**歸：回父母家。**薄汙我私，**薄：動詞前語助詞。此處含勉強和卑謙之意。下句同。汙：《毛傳》：「煩也。」《鄭箋》：「煩，煩撋（ruán）之，用功深。」撋，揉搓。黃焯《詩疏平議》：「蓋薄汙二語，乃是互文見義。王肅云：『煩撋浣濯其私衣。』斯言當矣。」私：家常便服。或曰「裏衣」，即內衣。《毛傳》：「婦人有副褘（huī）盛飾，以朝事姑舅，接見於宗廟，進見於君子，其餘則私也。」按：毛氏所言「褘」，即「蔽膝」。揚雄《輶軒使者絕代語釋別國方言》（以下通紀《方言》）：「蔽膝，江淮之間謂之褘。」錢繹《方言箋疏》：「以褘為佩巾，蓋亦謂佩之於前，可以蔽膝，蒙之於首，可以覆頭。」**薄澣我衣。害澣害否，**害：音義同「何」。**歸寧父母。**歸寧：女子回娘家探親曰歸寧。《毛傳》：「父母在，則有時歸寧耳。」〔3〕《公羊傳·莊公二十七年》「冬，杞伯姬來。其言『來』何？直來曰來」，何休注：「諸侯夫人尊重，既嫁，非有大故不得反。唯自大夫妻，雖無事，歲一歸寧。」

　　〔1〕《毛序》：「《葛覃》，后妃之本也。后妃在父母家，則志在於女功之事，躬儉節用，服浣濯之衣，尊敬師傅，則可以歸安父母，化天下以婦道也。」《鄭箋》：「『躬儉節用』，由於師傅之教，而後言尊敬師傅者，欲見其性亦自然。『可以歸安父母』，言嫁而得意，猶不忘孝。」《孔疏》：「作《葛覃》詩者，言后妃之本性也，謂貞專節儉自有性也。序又申說之，后妃先在父母之家，則已專志於女功之事，復能

身自儉約，謹節財用，服此浣濯之衣，而尊敬師傅。在家本有此性，出嫁修而不改，婦禮無愆（qiān），當於夫氏，則可以歸問安否於父母，化天下以為婦之道也。」

罔顧文本而深求曲取穿鑿遷就「經義」。「經學」之外，即便漢唐時代也是十分腐朽之說辭。「后妃」是有其所指還是《禮記·昏義》「天子后立六宮、三夫人、九嬪、二十七世婦、八十一御妻」者全部？注重了「義」，而「詁訓」似乎就含糊其辭了。

（《詩大序》鄭玄注「《大序》是子夏作，《小序》是子夏、毛公合作」。「大」「小」序是否子夏、毛公作，孰先孰後、孰主孰從，實無稽。不排除漢儒雜採先秦古籍和有關「漢書」——如流行的《左傳》等附會而成，此且不論）

〔2〕《天官·九嬪》「掌婦學之法，以教九御婦德、婦言、婦容、婦功，各帥其屬而以時御敘於王所」，鄭玄注：「婦德謂貞順，婦言謂辭令，婦容謂婉娩，婦功謂絲枲（xǐ）。自九嬪以下，九九而御於王所。九嬪者，既習於四事，又備於從人之道，是以教女御也。教各帥其屬者，使亦九九相與從於王所息之燕寢。御猶進也，勸也，進勸王息……」（蔡邕《獨斷》卷上「御者，進也。凡衣服加於身，飲食適於口，妃妾接於寢皆曰御」）

相關之「婦德」，《三禮》中至少還有《禮記·內則》「禮始於謹夫婦」，「男子居外，女子居內，深宮固門……夫不在，斂枕篋（qiè）簟（diàn）席，襡（按：襡音 shǔ，即長襦〔rú〕）器而藏之。少事長，賤事貴，咸如之。夫婦之禮，唯及七十，同藏無間，故妾雖老，年未滿五十，必與五日之御……妻不在，妾御莫敢當夕……」倘非漢儒編造，便是中國早期「文化」之恥。至春秋中晚時期，社會變革加劇，「私學」興，「貴族」男子已「不悅（官）學」、「不能相禮」，婦女或在一定程度上獲得了些許「解放」。

〔3〕《孔疏》：「此謂諸侯夫人及王后之法。《春秋》莊二十七年，『杞伯姬來』，《左傳》曰：『凡諸侯之女歸寧曰來。』是父母在，得歸寧也。父母既沒，則使卿寧於兄弟。襄十二年《左傳》曰：『楚司馬子庚聘於秦，為夫人寧，禮也。』是父母沒，不得歸寧也。《泉水》有義不得往，《載馳》許人不嘉，皆為此也。若卿大夫之妻，父母雖沒，猶得歸寧。《喪服傳》曰：『為昆弟之為父後者，何以亦期也？婦人雖在外，必有歸宗。』言父母雖沒，有時來歸，故不降。『為父後者』，謂大夫以下也，故《鄭志》答趙商曰：『婦人有歸宗，謂自其家之為宗者。大夫稱家，言大夫如此耳。夫人王后則不然也。天子諸侯位高，恐其專恣淫亂，故父母既沒，禁其歸寧。大夫以下，位卑畏威，故許之耳。』」所言或近春秋早、中期史實。

按：《儀禮・喪服》「女子適人者，為其父母、昆弟之為父後者（服期）」（女子已嫁人者，作為父母、兄弟中父親之後人，服喪一年），傳：「為父何以期也？婦人不二斬也。婦人不二斬者何也？婦人有三從之義，無專用之道，故未嫁從父，既嫁從夫，夫死從子。故父者，子之天也。夫者，妻之天也。婦人不二斬者，猶曰不二天也。婦人不能二尊也。為昆弟之為父後者何以亦期也？婦人雖在外，必有歸宗，曰小宗，故服期也。」斬，斬衰（cuī 縗），《喪服》、《禮記・喪服小記》所敘以親疏為差等的五種喪服（斬衰、齊衰〔zīcuī〕、大功、小功、緦〔sī〕麻）中的一種。

（大意：為什麼為父親服喪一年呢？婦人不能兩次服斬衰。婦人為什麼不能兩次服斬衰？婦人有三從之義，沒有自專自用的道理，所以未出嫁時聽從父親的，既嫁聽從丈夫的，丈夫死了聽從兒子的。所以父親是兒子的天，丈夫是妻子的天。婦人不能二次服斬衰，如同說不能有二個天。婦人不能有二尊。作為兄弟中父親之後人服喪，為什麼也是一年呢？婦人雖然出嫁在外，但須有歸屬之「宗」，叫作小宗，因此服喪一年）

周南・卷耳

首章之設言是其曾再熟悉不過的場景——采采卷耳般鮮活的思念被遠方「寘（zhì）彼周行」的背影拉得長而又長。詩中人何以遠行不得而知，滿篇卻是夕陽西下人困馬乏離亂悲愁之緒；〔1〕「嗟我懷人」，苦戀故國，是春秋社會「機遇與挑戰並存」的士子們表現出來的讓人感動和敬仰的大情懷。而「卷耳」，《毛詩草木鳥獸蟲魚疏》「可煮為茹，滑而少味」——「風」詩中所採擷者多可食之物，那是一個持續的、遍地動蕩而飢寒無比的時代。

采采卷耳，采采：鮮盛貌。馬瑞辰《通釋》：「《蒹葭》詩『蒹葭采采』，《傳》：『采采，猶萋萋也。』萋萋猶蒼蒼，皆謂盛也。《蜉蝣》『采采衣服』，《傳》：『采采，眾多也。』多與盛同義。此詩及《芣苢》詩俱言『采采』，蓋極狀卷耳、芣苢之盛。《芣苢》下句始云『薄言采之』，不得以上言『采采』為採取。此詩下言『不盈頃筐』則採取之義已見，亦不得以『采采』為採取也。《芣苢》『采采芣苢』，《傳》『采采，非一辭也。』亦狀其甚多之貌。」卷耳：一年生草本植物名，即蒼耳，又名苓耳，嫩葉可食，籽可藥用。《毛傳》：「卷耳，苓耳也。」王夫之《詩經稗疏》（以下通紀《稗疏》）：「此草可

和粉食，而採之頗費尋求，故云『不盈頃筐』。」**不盈頃筐**。盈：滿。《小雅・采綠》「終朝采綠，不盈一掬」。漢無名氏詩《新樹蘭蕙葩》「終朝採其華，日暮不盈抱」。頃筐：一種前低後高（一手挽筐，一手採擷，便於投放）的淺筐。**嗟我懷人，**嗟：發語詞，此處有加強語氣之意。懷：思念。**寘彼周行**。寘：同「置」，放置。《毛傳》：「寘，置。」《左傳・隱公元年》「（莊公）遂置姜氏（引按：指鄭武公妻武姜，鄭莊公母）於城潁。而誓之曰：『不及黃泉，無相見也！』」。周行（háng）：大路。

陟彼崔嵬，陟（zhì）：登。《毛傳》：「陟，升也。」崔嵬（cuīwéi）：有石的土山。《說文》：「崔，高大也。嵬，高不平也。」**我馬虺隤**。虺隤（huītuí）：疲憊而病。朱熹《集傳》引孫炎曰：「虺隤，馬罷不能升高之病。」**我姑酌彼金罍，**姑：姑且。酌：斟酒而飲。金罍（léi）：朱熹《集傳》：「罍，酒器，刻為雲雷之象，以黃金飾之。」青銅酒器。**維以不永懷**。維：發語詞，加強語氣。永懷：長久的思念。

陟彼高岡，我馬玄黃。玄黃：馬病懨懨的樣子。歷代解「玄黃」多有歧義。孫炎曰：「玄黃，馬更黃色之病。」朱熹《集傳》：「玄黃，玄馬而黃，病極而變色也。」陳奐《傳疏》：「黃本馬之正色，黃而玄為馬之病色。」聞一多《通義》：「玄黃者，詩人所擬想馬視覺中之變態現象。凡人或因疲極，或由驚怖，每致瞑眩，後世謂之眼花。眼花者視物不審，但見玄黃紛錯，五色交馳，此即所謂玄黃也。」**我姑酌彼兕觥，**兕觥（sì gōng）：兕角製作的酒杯。《毛傳》：「兕觥，角爵也。」一說形似兕的酒杯。兕：古代犀牛類的獸，一說即雌犀。《爾雅・釋獸》：「兕，似牛。」郭璞注：「一角，青色，重千斤。」**維以不永傷**。傷：懷傷。

陟彼砠矣，砠（jū）：《毛傳》：「石山戴土曰砠。」**我馬瘏矣**。瘏（tú）：病。**我僕痡矣，**痡（pū）：義同瘏。《孔疏》引孫炎曰：「痡，人疲不能行之病。瘏，馬疲不能進之病也。」**云何吁矣**。云：句首語氣詞。陳奐《傳疏》：「云為語詞，凡全《詩》云字，或在句首，或在句中、句末，多用為語詞，

無實義。」何：多麼。吁（xū）：憂。《鄭箋》:「僕馬皆病，而今云何乎其亦憂矣，深閔（憫）之辭。」余冠英《詩經選》:「『云何吁矣』等於說『憂如之何！』」

〔1〕使人想起屈原《離騷》「陟升皇之赫戲兮，忽臨睨夫舊鄉。僕夫悲余馬懷兮，蜷（quán）局顧而不行」的圖景來。郭沫若以今語譯為：

「在皇天的光耀中升騰著的時候，

　忽然間又看見了下界的故丘。

　我的御者生悲，馬也開始戀棧，

　只是低頭回顧，不肯再往前走。」

（《卷耳集、屈原賦今譯》，人民文學出版社，1981年，P131、P132）

按：郭沫若民國十二年（1923年）將《國風》中的四十首用白話譯出取名《卷耳》出版。他哀歎「我們最古的優美的平民文學，也是變成了化石」，所以他「要向這化石中吹噓些生命進去」，'想把這木乃伊的死像蘇活轉來」（《卷耳》序）。文章寫於1922年，距五四運動剛剛過去三個年頭。作為新文化運動主將之一的郭沫若譯其「風」詩，也是對「半死的文字」（胡適語）文言文的挑戰和對白話文運動的強烈響應。但他「不避俗字俗語」的恣意鋪陳和想像——以《卷耳》一首為例，五節四十九行洋洋五百多字，已游離甚遠於原詩之憂傷與沉重。《詩》不能言而任人為說，其幸其不幸，所謂「譯詩」並非「拯救」而是冒犯。

明人楊慎《唐詩主情》:「唐人詩主情，去《三百篇》近；宋人詩主理，去《三百篇》卻遠矣。匪惟作詩也，其解《詩》亦然。且舉唐人閨情詩云:『裊裊邊城柳，青青陌上桑。提籠忘採葉，昨夜夢漁陽。』即《卷耳》詩首章之意也。又曰:『鶯啼綠樹深，燕語雕梁晚。不省出門行，沙場知近遠。』又曰:『漁陽千里道，近於中門限。中門逾有時，漁陽常在眼。』又云:『夢裏分明見關塞，不知何路向金微。』又云:『妾夢不離江上水，人傳郎在鳳凰山。』即《卷耳》詩後章之意也。若如今詩傳解為託言，而不以為寄望之詞，則《卷耳》之詩，乃不若唐人作閨情時之正矣。若知其為思望之詞，則《詩》之寄興深，而唐人淺矣。」（《升菴詩話》卷八）

引詩依次見張仲素《春閨思》、王涯《閨人贈遠》、孟郊《征婦怨》（一說聶夷中《雜怨》，「千里道」作「萬里遠」）、張仲素《秋閨思》、張潮《江南行》。語境迥異，唐代閨怨無比春秋之苦，楊慎才子氣不輕。

周南·樛木

生動無比的是葛藟於樛（jiū）木「纍之」「荒之」「縈之」的意象——以青青葛藟殷勤攀繞樹木祝福於人，是春秋人對生命本質的深刻理解和體驗。「福履綏之」之「綏」者，安也，賜也，撫也，享也，定也——《周頌·桓》「綏萬邦，屢豐年，天命匪懈」，《商頌·那》「湯孫奏假，綏我思成」（「商頌」實即周時商之後宋人所作），《大雅·民勞》「惠此中國，以綏四方」，《小雅·楚茨》「樂具入奏，以綏後祿」，《鴛鴦》「君子萬年，福祿綏之……」從周初到春秋，這種持續以訴諸「文學」為形式的祈願，無論祝、受的主客體如何變換，其背後，或也是不同政治「集團」之焦慮與不安。

南有樛木，樛木：枝條向下彎曲之樹木。《毛傳》：「木下曲曰樛。」陸德明《釋文》：「木下句（gōu）曰樛。」**葛藟纍之。**葛藟（lěi）：葛和藟兩種藤本蔓生植物。《毛傳》：「南土之葛藟茂盛。」王夫之《稗疏》：「藟或作蘽，其類不一。……今俗謂之土葛者是。皮黑，可用為索，縛茅屋椽，不堪作布。」纍：攀緣纏繞。《鄭箋》：「木枝以下垂之故，故葛也藟也得纍而蔓之，而上下俱盛。」**樂只君子，**樂（lè）：歡樂，用作動詞。《鄭箋》：「又能以禮樂樂其君子，使為福祿所安。」只：語助詞。馬瑞辰《通釋》：「經傳中通用為語助詞，如『仲氏任只』、『母也天只』及凡言『樂只君子』皆是也。」黃焯《平議》：「《箋》於《南山有臺》訓『只』為『是』，亦為語助。此詩『樂只君子』，猶云樂哉君子。」按：馬氏引「仲氏任只」為《邶風·燕燕》句。「母也天只」為《柏舟》句。《小雅·南山有臺》有「樂只君子」凡十句。**福履綏之。**福履：福祿。《毛傳》：「履，祿。」馬瑞辰《通釋》：「祿與履雙聲，故履得訓祿，即以履為祿之假借也。」綏：安撫。《毛傳》：「綏，安也。」

南有樛木，葛藟荒之。南：《毛傳》：「南土也。」《鄭箋》：「南土謂荊、揚之域。」《孔疏》：「南土之處，謂荊州、揚州之域。……又《周官》『正南曰荊州』，又曰『東南曰揚州』，二州境界連接，故皆有江漢。」見《夏官·職方氏》。荒：掩、覆。《說文》：「荒，草掩地也。」馬瑞辰《通釋》：「掩地曰荒，掩樹亦為荒矣。」**樂只君子，福履將之。**將：扶助，護祐。《鄭箋》：「將，猶扶助也。」「將」與下章「成」參《召南·鵲巢》注。

　　南有樛木，葛藟縈之。縈：縈繞。《毛傳》：「縈，施也。」參《葛覃》注。樂只君子，福履成之。成：成就，用為動詞。《毛傳》：「成，就也。」陳奐《傳疏》：「《爾雅》：『就，成也。』成、就二字互訓。」

周南・螽斯

　　堯在一個叫「華」的地方巡視，華地守護封疆的人說：「啊，聖人！請讓我為聖人祝福吧。祝聖人長壽。」堯說：「用不著。」「祝聖人富有。」堯說：「用不著。」「祝聖人多子。」堯說：「用不著。」問曰：「長壽、富貴、多子，人皆所欲，你卻偏不想得到，何故？」答：「多子則多憂懼，富有則多麻煩，長壽則多困辱。三者皆無益於養德，所以就謝謝你的祝願了。」（《莊子・天地》）莊子思想是在戰國動盪、變革和新舊時代交替的社會背景下產生的，「無為」是放棄「妄為」而效法和順應自然，實則是另一途徑和意義上的「為」。守護封疆的人接下來對堯說：「天生萬民，必授之職。多男子而授之職，則何懼之有？」

　　《螽斯》是莊子之前的「詩」。面對戰爭和各種不虞災難，其「多子」的意義遠超財富之集聚。西周《大雅・綿》以「綿綿瓜瓞（dié）」興其多子（《思齊》則直言「則百斯男」），至春秋的之「風」詩，則變成了活躍於草叢、山崗、原野之生命力極其頑強的「螽斯」——很難說究竟是之於「貴族」還是庶民。

　　螽斯羽，螽（zhōng）斯：即蚱蜢，亦名螞蚱。《孔疏》：「此言螽斯，《七月》言斯螽，文雖顛倒，其實一也。」一說「斯」為語助詞。羽：翅翼。詵詵兮。詵詵（shēn）：狀「螽」之眾多群集貌。《毛傳》：「詵詵，眾多也。」宜爾子孫，宜：相宜。振振兮。振振：繁盛，生機有力。馬瑞辰《通釋》：「振振，謂眾盛也。振振與下章繩繩、蟄蟄，皆為眾盛。」《左傳・僖公五年》「均服振振，取虢（guó）之旂（qí）」。均服，戎服。虢，虢國。旂，旗幟的一種，《春官・司常》「交龍為旂」；又《爾雅・釋天》「有鈴曰旂」。

　　螽斯羽，薨薨兮。薨薨（hōng）：摹螽群飛之聲。《毛傳》：「薨薨，眾多也。」朱熹《集傳》：「薨薨，群飛聲。」宜爾子孫，繩繩兮。繩繩：

綿延不斷。朱熹《集傳》：「繩繩，不絕貌。」馬瑞辰《通釋》：「『繩繩兮』……以詩意求之，亦為眾盛，《抑》詩『子孫繩繩』，《韓詩外傳》引作『承承』，謂相繼之盛也。」

螽斯羽，揖揖兮。揖揖：音義同「集」。《毛傳》：「揖揖，會聚也。」馬瑞辰《通釋》：「揖蓋集之假借，……是集本為鳥群聚，引申為凡聚之稱。」**宜爾子孫，蟄蟄兮。**蟄蟄（zhé）：和集而聚貌。《毛傳》：「蟄蟄，和集也。」按：毛氏所言「和」也即「會」也。引申為眾多的樣子。李賀《感諷五首》「侵衣野竹香，蟄蟄垂葉厚」。張岱《陶庵夢憶·揚州清明》「浪子相撲，童稚紙鳶，老僧因果，瞽者說書，立者林林，蹲者蟄蟄」。

周南·桃夭

「人民」安樂，勤而不怨，是《二南》被尊為「風之正經」〔1〕和倍受孔子推崇〔2〕之原因。《禮記·大學》言「治國在齊其家」（此「家」即天子之「天下」諸侯之「國」大夫之「家」之「家」而非孟子《梁惠王上》所言「數口之家」之「家」），引《桃夭》言國君「宜其家人，而後可以教國人」；朱熹注《詩》也引「東萊呂氏」（實則《易·序卦傳》語）：「有天地然後有萬物，有萬物然後有男女，有男女然後有夫婦，有夫婦然後有父子，有父子然後有君臣，有君臣然後有上下，有上下然後禮義有所措。男女者，三綱之本，〔3〕萬事之先也……」（《詩集傳》）

但是，西周、春秋人是「不知有漢，無論經學」的。回到「經學」之前的《桃夭》，生命像盛開的桃花般絢爛，美麗吉祥的姑娘將把歡樂帶給婆家，這又是怎樣惹人嚮往的景象啊——雖則是詩歌。

桃之夭夭，夭夭：多解作「茂盛」。然葉茂耶？抑或花茂耶？若葉茂，其華便不能「灼灼」，況桃樹於春天先花後葉，「灼灼其華」時並未有葉，花漸收則葉始發，桃實結枝葉方漸蔥蘢。蘇軾《桃花》詩有「爭開不待葉，密綴欲無條」句；張籍《新桃》詩有「桃生葉婆娑，枝葉四面多」句。以桃樹之性，枝葉過於茂盛，則難以「有蕡其實」。「夭夭」如指枝葉茂盛，與「其葉蓁蓁」又嫌重複。《毛傳》：「夭夭，其少壯也。」朱熹《集傳》：「夭夭，少

好之貌。」馬瑞辰《通釋》:「夭夭者,枖枖(yāo)之假借。」《說文》:「枖,木少盛貌。」以桃樹之性狀並通觀各家之說,詩中「夭夭」並非指枝繁葉茂之「茂盛」貌,而是形容桃樹少壯且長勢好。「夭夭」疊連讀之也頗能見其枝條落落有致、扶疏可愛。聞一多《類鈔》:「夭夭,屈申貌。」**灼灼其華**。灼灼:狀桃花鮮艷盛開貌。《毛傳》:「灼灼,華之盛也。」**之子于歸**,之:指示代詞,此,這。子:人,指女子。朱熹《集傳》:「之子,是子也。」《毛傳》:「于,往也。」陳奐《傳疏》:「自此之彼謂之于,又謂之往。」胡適在《談談詩經》中認為將「于」作「往」解顯得牽強,「于」字等於「焉」字,在上古文法裏將「歸焉」倒裝成了「于歸」,可備一說。歸:女子出嫁。朱熹《集傳》:「婦人謂嫁曰歸。」**宜其室家**。宜:相宜。朱熹《集傳》:「宜者,和順之意。」室家:指歸女之夫家,下「家室」、「家人」同。

桃之夭夭,有蕡其實。蕡(fén):《毛傳》:「蕡,實貌。」朱熹《集傳》:「蕡,實之盛也。」又,馬瑞辰《通釋》:「蕡者,頒之假借。」于省吾《澤螺居詩經新證》(以下通紀《新證》):「蕡、墳、頒與賁古通……頒、賁並應讀作斑。……『有蕡其實』,即有斑其實。桃實將熟,紅白相間,其實斑然。」觀詩中意象,宜從於說。又,馬瑞辰《通釋》:「《說文》:『蕡,雜香草也。』乃蕡之本義耳。」徐灝《說文段注箋》:「今俗語猶言蕡香。」**之子于歸,宜其家室**。

桃之夭夭,其葉蓁蓁。蓁蓁(zhēn):狀枝葉蔥蘢繁茂貌。《毛傳》:「蓁蓁,至盛貌。」**之子于歸,宜其家人**。夏炘(xīn)《讀詩劄記》:「首章『宜其室家』,二章『宜其家室』,指夫婦言之。《左傳》所謂『男有室,女有家』也。三章『宜其家人』,謂一家之人,上舅姑,下娣姒妾媵皆在其中。三『宜』字亦有別,室家、家室之宜,以情言;及時而嫁,內無怨女,外無曠夫,《毛傳》所謂『宜以有室家無逾時者』是也。『宜其家人』之宜以德言,《毛傳》『一家之人盡以為宜』,謂孝敬於舅姑,和順於娣姒,不妒忌於妾媵,《大學》所云『宜其家人而後可以教國人』是也。」《左傳·桓公十八年》「女有家,男有室,無相瀆(引按:瀆,輕漫、褻瀆)也,謂之有禮」。

〔1〕見《周南 召南》注引鄭玄《周南召南譜》。朱熹《詩集傳序》：「惟《周南》《召南》親被文王之化以成德，……是以二篇獨以風詩之正經。」

〔2〕《論語‧陽貨》「子謂伯魚曰：女為《周南》、《召南》矣乎？人而不為《周南》《召南》，其猶正牆面而立也與（歟）」──究竟什麼是《二南》的意義孔子沒有說；闡發「詩言志」之《詩大序》或至兩漢方才出現，即便以鄭玄認為是子夏所作，那也只是孔子的學生。

〔3〕《顏淵》：「齊景公問政於孔子。孔子對曰：『君君，臣臣，父父，子子。』」（「齊景公問政孔子」唯史遷於《孔子世家》中採用並演義。《論語》中的此類故事和「子曰」者與《禮記》等「子曰」、「仲尼曰」者是一樣的性質，儒家推「孔子」託言而已）

《白虎通‧三綱六紀》：「三綱者，何謂也，謂君臣、父子、夫婦也。六紀者，謂諸父、兄弟、族人、諸舅、師長、朋友也。故《含文嘉》曰：『君為臣綱，父為子綱，夫為妻綱。』」

周南‧兔罝

《禮記‧內則》：「子生，男子設弧於門左，女子設帨（引按：帨音 shuì，佩巾）於門右。三日始負子，男射女否。」生為男丁，征戰、勞役別無選擇，這是歷史給烽火連天的春秋戰國人注定之命運。孟子言「春秋無義戰」（《盡心下》），於兵士而言，無數次的大小戰爭又有哪些是義戰，哪些是不義之戰呢？當生命被迫與戰爭長期連繫在一起時，自然也就產生了「戰爭文化」──不知《兔罝》是讚美戰士的勇猛呢，還是勇猛的戰士於戰鬥或演練之間際，獨自低聲吟唱？

肅肅兔罝，肅肅：繁密嚴整。朱熹《集傳》：「肅肅，整飭（chì）貌。」聞一多《詩經新義》（以下通紀《新義》）：「肅當讀為縮，縮猶密也。」罝（jū）：捕捉兔子的網；也泛指捕鳥獸的網。《說文》：「兔網也。」**椓之丁丁。** 椓（zhuó）：捶擊。《說文》：「椓，擊也。」丁丁：摹擊樁聲。《毛傳》：「丁丁，椓杙（yì）聲也。」杙，木樁。**赳赳武夫**，赳赳：勇而有力之貌。《毛傳》：「赳赳，武貌。」《爾雅‧釋訓》：「赳赳，武也。」**公侯干城。** 公侯：周代

爵位，體現其權力治理結構。《孟子・萬章下》北宮錡問「周室班（按：班，排列等級）爵祿」，孟子曰：「天子一位，公一位，侯一位，伯一位，子、男同一位，凡五等也。」又《禮記・王制》「王者之制祿爵，公、侯、伯、子、男，凡五等」。按：「五等爵」或只是始於《孟子》的戰國、秦漢之「文字」概念，或並不曾存在。偽古文《尚書・武成》「列爵惟五」。干城：干，盾；城，城郭。《鄭箋》：「干也，城也，皆以禦難也。」朱熹《集傳》：「干，盾也。干、城，皆所以捍外而衛內者。」

　　肅肅兔罝，施于中逵。中逵（kuí）：逵中。逵：通達多方之大道。《爾雅・釋宮》：「九達謂之逵。」《毛傳》：「逵，九達之道。」《左傳・隱公十一年》「子都拔棘（戟）以逐之，及大逵，弗及，子都怒」。**赳赳武夫，公侯好仇。**仇（qiú）：同「逑」，匹。好仇：黃焯《平議》：「此詩之好仇，猶言良弼（引按：弼，輔佐）賢佐耳。」朱熹《集傳》：「仇，與逑同，匡衡引《關雎》亦作仇字。公侯善匹，猶曰聖人之耦，則非特干城而已，歎美之無已也。」見《漢書・匡衡傳》）。

　　肅肅兔罝，施于中林。中林：即林中。馬瑞辰《通釋》：「《爾雅》：『牧外謂之野，野外謂之林。』中林猶云中野，與上章中逵為一類。《野有死麕（jūn）》詩『林有樸樕（sù），野有死鹿』，《株林》詩『說于株野』、『說于株林』，皆以林與野對言，林猶野也。」馬氏所引《陳風・株林》二句，其中「說于株林」阮刻本《詩經》句中無此句。一章有「匪適株林」，二章有「朝食于株」句。《爾雅・釋地》句原文為：「邑外謂之郊，郊外謂之牧，牧外謂之野，野外謂之林，林外謂之炯（jiōng）。」牧，郊外。炯，遙遠的郊野。**赳赳武夫，公侯腹心。**腹心：即心腹。朱熹《集傳》：「腹心，同心同德之謂。」

周南·芣苢

方玉潤說：「讀者試平心靜氣涵詠此詩，恍聽田家婦女，三三五五，於平原綉野、風和日麗中，群歌互答，餘音裊裊，若遠若近，忽斷忽續，不知其情之何以移（怡），而神之何以曠，則此詩可不必細繹而自得其妙焉……」（《詩經原始》）若此則甚好。但「芣苢」是何？一種普遍食用的野菜。暮春三月，青黃不接，婦女三五成群於山野間採挖芣苢而歌——飢餓是可以產生歌謠的，如同飢餓之下依然有愛情。

采采芣苢，采采：盛多貌。《毛傳》：「采采，非一辭也。」戴震《毛鄭詩考證》（以下通紀《考證》）：「采采，眾多貌。」芣苢（fúyǐ）：即車前草，可藥用，嫩葉可食。《爾雅·釋草》：「芣苢，馬舄（xì）；馬舄，車前。」**薄言采之。**薄、言：皆語助詞。王夫之《稗疏》：「《方言》：『薄，勉也。』秦、晉曰薄，南楚之外曰薄努。郭璞注曰：『相勸勉也。』『薄言采之』者，採者自相勸勉也。『薄送我畿』者，心不欲送而勉送也。『薄言往愬』者，心知其不可據而勉往也。凡言薄者放（仿）此。《毛傳》云：『薄，辭也。』凡語助詞皆必有意，非漫然加之。」「薄送我畿」為《邶風·谷風》句；「薄言往愬」為《邶風·柏舟》句。又，胡適在《詩三百言字解》中認為「凡薄言之薄皆作甫字解」，甫，始。「言」應作「乃」解，乃字是一種「狀字」，用以狀動作之時。采：《毛傳》：「取也。」**采采芣苢，薄言有之。**有：採而有之。一說「藏」。《毛傳》：「有，藏之也。」胡承珙《毛詩後箋》（以下通紀《後箋》）：「藏，猶聚也。」

采采芣苢，薄言掇之。掇（duō）：《毛傳》：「掇，拾也。」今晉、陝黃河兩岸一代帶方言中仍有「拾掇」一詞，義同古語。**采采芣苢，薄言捋之。**捋（luō，又音lǚ）：用手捏握枝條成把地抹取其葉或籽。胡承珙《後箋》：「蓋『掇』是拾其子之既落者；『捋』是捋其子之未落者。」戴震《杲溪詩經補注》：「捋，一手持其穗，一手捋取之也。車前之用在子，故捋之。」

采采芣苢，薄言袺之。袺（jié）：用手提住衣襟兜東西。方玉潤《詩經原始》（以下通紀《原始》：「袺，以衣貯之而執其衽（引按：衽音rèn，衣

襟）也。」**采采芣苢，薄言襭之。**襭（xié）：將衣襟掖在腰帶上盛東西。
朱駿聲《說文通訓定聲》：「兜而扱（jí）於帶間曰襭，手執之曰袺。」方玉潤
《原始》：「襭，以衣貯之而扱其衽於帶間也。」扱，收取。

周南·漢廣

　　嵇康身形佯狂而心神明淨，洋洋灑灑的《琴賦》中有一句「舞鸑鷟（引
按：鸑鷟音 yuèzhuó，鳳之別稱）於庭階，游女飄焉而來萃」，李善注：「《韓
詩》曰：『漢有游女，不可求思。』薛君曰：『游女，漢神也。言漢神時見，
不可求而得之。』（引按：薛漢《韓詩章句》）《列女傳》曰：『游女，漢水神。
鄭大夫交甫於漢皋見之，聘之橘柚。』〔1〕張衡《南都賦》曰：『游女弄珠於
漢皋之曲。』〔2〕」

　　中國古代煙水蔥蘢的江河湖澤之上，必有一二若隱若現屬於「文學」的
女神，屈原《九歌·湘夫人》「裊裊兮秋風」中之「帝子」，曹植《洛神賦》
「仿髴兮若輕雲之蔽月，飄飄兮若流風之回雪」之宓妃，（《賦》中並有「從
南湘之二妃，攜漢濱之游女」）宋玉《神女賦》「披華藻之可好兮，若翡翠之
奮翼。其象無雙，其美無極」……那麼，漢水上最早的「女神」，會是《詩
經》時代的《漢廣》之「游女」嗎？江之廣矣、永矣，渡不過去的，豈止是
泱泱之水？〔3〕

　　南有喬木，喬木：高大的樹。《說文》：「喬，高而曲也。」**不可休思。**
休：休息。《爾雅·釋詁》：「休，息也。」思：語助詞。**漢有游女，**漢：漢
水。游女：出遊的女子。朱熹《集傳》：「江漢之俗，其女好遊，漢魏以後猶
然，如大堤之曲可見也。」**不可求思。漢之廣矣，不可泳思。江之
永矣，**江：漢江。聞一多《類鈔》：「漢、江一水，又曰江漢，今之漢水也。」
永：水流長。**不可方思。**方：竹木並成的筏子，引為以筏渡江。馬瑞辰《通
釋》：「方本並船之稱，因而並竹木亦謂之方，凡船及用船以渡通謂之方。」《齊
語》「方舟設泭（fú）」，韋昭注：「方，並也。編木曰泭。」泭，同桴，小木筏。
《爾雅·釋水》「庶人乘泭」，郭璞注：「並木以渡。」

翹翹錯薪，翹翹：高高、高出之意。《毛傳》：「翹翹，薪貌。」又王引之《經義述聞》（以下通紀《述聞》）：「翹翹與錯薪連言，則翹翹為眾多之貌。」聞一多《類鈔》：「鳥尾長毛曰翹，喻草莽長羽貌。」錯：高低錯落。薪：柴草。《孔疏》：「薪，木稱。」魏源《詩古微·周南答問》：「《三百篇》言『取妻』者，皆以『析薪』取興。蓋古者嫁娶必以燎炬為燭，故《南山》之『析薪』，《車舝》之『析柞』，《綢繆》之『束薪』，《豳風》之『伐柯』，皆與此『錯薪』、『刈楚』同興。」又胡承珙《後箋》：「《詩》中言娶妻者，每以『析薪』起興，如《齊·南山》、《小雅·車舝》及《綢繆》之『束薪』、《豳風》之『伐柯』皆是。此言『錯薪』、『刈楚』，已從婚姻起興，『秣馬』、『秣駒』，乃欲以親迎之禮行之，《昏禮》所謂婿『御婦車』、『御輪三周』是也。」見《禮記·昏義》。**言刈其楚。**言：句首助詞。刈：割。楚：植物名，古今多解「荊」，即牡荊。《孔疏》：「楚亦木名，故《學記》注以楚為荊。」《禮記·學記》「夏、楚二物，收其威也」，鄭玄注：「楚，荊也。」又聞一多《新義》：「楚有草木二種，……《詩》中楚字亦多為草名。」**之子于歸，言秣其馬。**秣（mò）：飼餵牲口。朱熹《集傳》：「秣，飼也。」魏源《詩古微·周南答問》：「秣馬、秣駒，即昏禮親迎御輪之禮。」見《儀禮·士昏禮》、《禮記·昏義》。**漢之廣矣，不可泳思。江之永矣。不可方思。**

翹翹錯薪，言刈其蔞。蔞（lóu）：植物名。朱熹《集傳》：「蔞，蔞蒿也。葉似艾，青白色，長數寸，生水澤中。」又王夫之《稗疏》：「蔞蒿水草，生於洲渚，既不翹然於錯薪之中，但可採摘為菜，不堪刈之為薪，與楚為黃荊、莖幹可薪者異……則蔞為萑（huán）、葦之屬，翹然高出而可薪者，蓋蘆類也。」萑，同「萑（huán）」。**之子于歸，言秣其駒。**駒：少壯之馬。《毛傳》：「五尺以上曰駒。」《孔疏》：「《廋（sōu）人》云：『八尺以上為龍，七尺以上為騋（lái），六尺以上為馬。』故上《傳》曰『六尺以上曰馬。』此駒以次差之，故知五尺以上也。五尺以上，即六尺以下。故《株林》箋云：『六尺以下曰駒』是也。」廋人掌豢養和訓練王之馬匹事務。**漢之廣矣，不可泳思。江之永矣，不可方思。**

〔1〕《列仙傳》有鄭交甫於江漢之湄遇江妃二女而慕，歌以橘柚而懷珮之故事。「江妃二女者，不知何所人也。出遊於江漢之湄，逢鄭交甫。見而悅之，不知其神人也。謂僕曰：『我欲下，請其佩。』僕曰：『此間之人皆習於辭，不得，恐罹悔焉。』交甫不聽，遂下與之言，曰：『二女勞矣。』二女曰：『客子有勞，妾何勞之有。』交甫曰：『橘是柚也，我盛之以笥，令附漢水，將流而下。我遵其旁，採其芝而茹之，以知吾為不遜也。原（願）請子之佩。』二女曰：『橘是柚也，我盛之以笥，令附漢水，將流而下，我遵其旁，採其芝而茹之。』遂手解佩與交甫。交甫悅，受而懷之，中當心，趨去數十步，視佩，空懷無佩。顧二女，忽然不見。」阮籍《詠懷詩》有「二妃遊江濱，逍遙順風翔。交甫懷環珮，婉變有芬芳」句。

〔2〕《文選》李善注引《韓詩外傳》：「鄭交甫將南適楚。遵波漢皋（niè）臺下，乃遇二女，佩兩珠，大如荊雞之卵。」漢皋：山名，在湖北襄陽西北，漢水邊。白居易《代書詩一百韻寄微之》有「心搖漢皋佩，淚墮峴（xiàn）亭碑」句。

〔3〕此類題材，中國文化語境中很容易會被演繹為殉情的「神女峰」、「望夫石」者。貌似情深義正，實則男權社會自我取悅之下作，一種十分卑劣之心態。《漢廣》兩千多年後，女詩人舒婷的《神女峰》於遠古故事有了另一種詩性而堅決的態度：

在向你揮舞的各色花帕中
是誰的手突然收回
緊緊捂住了自己的眼睛
當人們四散離去，誰
還站在船尾
衣裙漫飛，如翻湧不息的雲

江濤
　　　　高一聲
　　　　　　低一聲

美麗的夢留下美麗的憂傷
人間天上，代代相傳
但是，心
真能變成石頭嗎
為眺望遠天的杳鶴

而錯過無數次春江明月

沿著江岸
金光菊和女貞子的洪流
正煽動新的背叛
與其在懸崖上展覽千年
不如在愛人肩頭痛哭一晚

周南·汝墳

「君子」，《詩經》自小、大《雅》至《國風》雖久不廢之詞。西周時的指稱對象已不特定，此於詩中不曾出面之「君子」，又指的是何人呢？王？卿大夫？抑或居其上位掌奪予之柄之「僚友」？而慨歎「魴（fáng）魚赬（chēng）尾，王室如燬（huǐ）」的詩中人，既不是樵夫，也不是砍柴的婦人，[1]而是勞於國事的「公務員」。「既見君子，不我遐棄」者，見棄之言也。「伐其條枚」、「伐其條肄」，斬不斷，理還亂，那刀斧揮之而一伐，能將心中的積怨與憂恨釋放的了嗎？

遵彼汝墳，遵：循，沿著。《毛傳》：「遵，循也。」又王先謙《集疏》：「《魯》、《韓》說曰：『遵，行也。』」聞一多《類鈔》：「遵，緣行也。」汝：《毛傳》：「水名也。」朱熹《集傳》：「汝水出汝州天息山，徑蔡潁州入淮。」按：朱說若是，亦可說明《二南》之地域。墳：「濆（fén）」之借，河堤。《說文》：「濆，水厓也。」《毛傳》：「墳，大防也。」朱駿聲《說文通訓定聲》：「自然成者濆，人為之者墳。」又王夫之《稗疏》：「然堤防所以固土窒水，例禁樵蘇，孰敢於上伐其條肄？墳當與濆通。《爾雅》：『汝為濆』。郭注云：『大水溢出別為小水之名。』引此詩以證之，則濆乃汝水旁出之支流。」樵蘇，砍柴刈草。**伐其條枚。**條枚：樹的枝條。《毛傳》：「枝曰條，幹曰枚。」**未見君子，惄如調飢。**惄（nì）：憂思。《爾雅·釋詁》：「惄，思也。」又，《說文》：「惄，飢餓也。一曰：憂也。《詩》曰：『惄如朝飢。』」《毛傳》：「惄，飢意也。」《鄭箋》：「惄，思也。未見君子之時，如朝飢之思食。」《孔疏》：

「此以思食以思夫。」調（zhōu）：魯詩作「朝」，早上。《毛傳》：「調，朝也。」
又陸德明《釋文》：「調，本又作輖（zhōu）。」朱熹《集傳》：「調，一作輖，
重也。」言「怒」之程度。

　　遵彼汝墳，伐其條肄。 肄：新生的嫩枝條。《毛傳》：「肄，餘也。
斬而復生曰肄。」**既見君子，不我遐棄。** 遐棄：遠棄，遺棄。《孔疏》：
「不我遐棄，猶云不遐棄我。古之人語多倒，《詩》之此類眾矣。」

　　魴魚赬尾， 魴：魚名，即鯿（biān）魚。赬：《毛傳》：「赬，赤色。魚
勞則尾赤。」魚尾赤而歸之於勞，是古人的推想。此句喻苦累。**王室如燬。**
燬：火烈。言王政激烈緊張。《毛傳》：「燬，火也。」陸德明《釋文》：「齊人
謂火曰燬。」**雖則如燬，** 雖則：連詞連用。**父母孔邇。** 孔：甚。邇：近。
馬瑞辰《通釋》：「言雖畏王室而遠從行役，獨不念父母之甚邇乎。古者『遠
之事君，爾之事父』，詩所以言『孔爾』也。」見《論語·陽貨》。

　　〔2〕《毛序》：「《汝墳》，道化行也。文王之化行乎汝墳之國，婦人能閔其君子，
猶勉之以正也。」按：以鄭玄「《小序》是子夏、毛公合作」（《詩大序》孔穎達疏引
北朝沈重，陸德明《經典釋文》卷五《毛詩音義上》並引。又見《小雅·常棣》小序
孔疏引《鄭志》鄭玄答張逸），子夏、毛公對周人奪取政權前期文王的「革命」行徑
應該是清楚的，「文王之化行」自是為「經學」之謊言；如果「小序」是漢人「藉之
子夏」（韓愈）*以說，則是想來的事情，因為帝制之下，關於周政權的前世今生和文
王、武王、周公等相關「歷史問題」已經有了史遷《史記》之決議性的敘寫。
　　*楊慎《書詩·詩小序》：「余見古本韓文有《議詩序》一篇，其言曰：『子夏不序
詩有三焉：知不及，一也；暴揚中冓（gòu）之私，《春秋》所不道，二也；諸侯猶世，
不敢以云，三也。漢之學者，欲顯其傳，因藉之子夏。』」（《太史升菴文集》卷四十二）
　　「知不及」，大概是說相隔久遠無從知之。春秋人子夏猶知不及，漢人去《詩》益
遠，又何自而知之？或曰「不智」，學力、領悟尚未達到，子夏沒有作《序》的能耐。
　　「中冓之私」，當指《鄘風·墻有茨》序「衛人刺其上也。公子頑通乎君母，國
人疾之而不可道也」、《君子偕老》序「刺衛夫人也。夫人淫亂，失事君子之道，故陳
人君之德，服飾之盛，宜與君子偕老也」、《鶉之奔奔》序「刺衛宣姜也。衛人以為，

宣姜，鶉鵲之不若也」，《齊風·南山》序「刺襄公也。鳥獸之行，淫乎其妹，大夫遇是惡，作詩而去之」、《蔽笱》序「刺文姜也。齊人惡魯桓公微弱，不能防閑文姜，使至淫亂，為二國患焉」、《載驅》序「齊人刺襄公也。無禮義故，盛其車服，疾驅於通道大都，與文姜淫播其惡於萬民焉」，《陳風·株林》序「刺靈公也。淫乎夏姬，驅馳而往，朝夕不休息焉」、《澤陂》序「刺時也。言靈公君臣淫於其國，男女相說，憂思感傷焉」等。

關於《詩》之「小序」，《後漢書·儒林列傳》「初，九江謝曼卿善《毛詩》，乃為其訓。（衛）宏從曼卿受學，因作《毛詩序》，善得《風雅》之旨，於今傳於世」，《隋書·經籍志》「序，子夏所創，毛公及敬仲（引按：衛宏字）又加潤益」——衛宏是東漢初人，其是否為《序》實無考。但兩漢有不少儒生以弄「經」為生（包括製作類《禮記》者文章），《左傳》是新現之物，靈機一動的經生們牽合其事而弄作《序》文的可能性是很大的。

周南·麟之趾

雖已是春秋，仍以「仁獸」[1]麒麟祝福王子王孫，希冀天子之「天下」、諸侯之「國」、大夫之「家」永存並「繁榮昌盛」。此類作品，也就這麼寫來「抒情」一番，頗類後世「紀念詩」——或也多自周政權（王室或侯國）「食供」「食邑」「食田」的「老幹部」之手。

《春秋·哀公十四年》「十有四年春，西狩獲麟」，《左傳》：「（魯哀公）西狩於大野，叔孫氏之車子鉏（chú）商（引按：杜預注：「車子，微者。鉏商，名」）獲麟，以為不祥，以賜虞人。[2]仲尼觀之，曰：『麟也。』然後取之。」《公羊傳》：「（麟）有王者則至，無王者則不至（何休注：「上有聖帝明王，天下太平，然後乃至……當春秋時，天下散亂，不當至而至」）。有以告者，曰：『有麕而角者。』孔子曰：『孰為來哉？孰為來哉？（引按：為誰而來啊？）』反袂拭面，涕沾袍……」[3]魯哀公十四年是周敬王三十九年，前481年（《公羊傳》、《穀梁傳》均止於這一年），五年後敬王崩，「春秋」也就結束了，「天下」開始了名副其實的「戰國」時世……

麟之趾！麟：麒麟。**振振公子**，振振：振興，興盛。姚際恒《通論》：「振振，起振興意。」公子：《禮記·喪服》：「諸侯之子稱公子。」**于嗟麟兮！**于（xū）嗟：同「吁嗟」，歎詞，此處表讚美。陳奐《傳疏》：「歎辭，

美歎之辭也。美歎曰嗟，傷歎亦曰嗟，凡全詩歎辭有此二義。或言嗟，或言嗟嗟，或言猗嗟，或言于嗟。」

麟之定！定：頂，額。朱熹《集傳》：「定，額也。」馬瑞辰《通釋》：「定即頂之假借。」**振振公姓，**公姓：王引之《述聞》（卷五）：「公姓、公族，皆謂子孫也。古者謂子孫曰姓，或曰子姓，字通作『生』。」「公子、公姓、公族皆指後嗣而言，猶《螽斯》言『宜爾子孫』也。」姚際恒《通論》：「趾、定、角，由下而及上。子、姓、族，由近而及遠，此詩之章法也。」**于嗟麟兮！**

麟之角！振振公族，公族：諸侯曾孫以下者稱。公孫之子，支系旁生而自成其族，總括名之公族。《毛傳》：「公族，公同祖也。」〔4〕**于嗟麟兮！**

〔1〕《春秋緯·感精符》「麟一角，明海內共一主也」，《說苑·辨物篇》「麒麟，麕身牛尾，圓頭一角，含信懷義，音中律呂，步中規矩，擇土而踐，彬彬然動則有容儀⋯⋯」

〔2〕大野，地名，在今山東巨野北。叔孫氏，春秋時魯國大夫，魯公子叔牙後裔。車子，指御者。虞人，《周禮·地官》所列山澤之官。

〔3〕《孔叢子·記問》孔子往觀之，泣曰：「麟也，麟出而死，吾道窮矣。」乃歌云：「唐虞世兮麟鳳遊，今非其時來何求？麟兮麟兮我心憂。」

〔4〕童書業《春秋左傳考證·氏族制》：「至周初，國都之中除受封時之異姓大族外，公族恐尚未盛。公族之盛似起於西周後期。」（《春秋左傳研究》校訂本，〔北京〕中華書局，2006年，p138）參朱鳳瀚《春秋公族形態》。（《商周家族形態研究》增訂本，天津古籍出版社，2004年，p433～p457）

召南·鵲巢

周代以禮樂文化來維繫和規範社會等級秩序——至少在儒家的歷史「寫作」中是這樣反映的。《禮記》認為婚禮是禮的根本，因為舉行過恭敬、謹慎、

隆重而光明正大的婚禮，就建立起了夫婦間的道義；夫婦間有道義，然後父子能親愛；父子能親愛，然後君臣能各安其位。〔1〕在《儀禮·士昏禮》和《禮記·昏義》事無鉅細地詳述婚禮全部過程的同時，《鵲巢》作為一首可以到處傳唱的歌謠，被兩漢「經學」選定為「昏禮者，禮之本也」的一個具象，這是《鵲巢》於《二南》中的「風之正經」意義所在。

維鵲有巢， 維：句首語助詞。**維鳩居之。** 鳩：鳲鳩（shījiū），即「布穀鳥」。《毛傳》：「鳩，鳲鳩，……鳲鳩不自為巢，居鵲之成巢。」**之子于歸，百兩御之。** 百：泛指多。兩，即輛。《毛傳》：「百輛，百乘也。諸侯之子嫁於諸侯，送御皆百乘。」《鄭箋》：「御，迎也。」王先謙《集疏》：「御，侍也。」《儀禮·士昏禮》中，新郎的隨從稱為「御」。

維鵲有巢，維鳩方之。 方：佔居。《毛傳》：「方，有之也。」胡承珙《後箋》：「《廣雅》云：『方，有也。』即本《毛傳》。」**之子于歸，百兩將之。** 將：護衛。按：《毛傳》：「將，送也。」以上章「御」為迎接，此章「將」為送，迎與送相對成文。而馬瑞辰在《通釋》中又不以為然：「竊疑《詩》『百兩』皆指迎者而言。將者，奉也，衛也。首章往迎，則曰『御之』；二章在途，則曰『將之』；三章既至，則曰『成之』；此詩之次也。《樛木》詩二章『福履將之』，三章『福履成之』，與此詩句法正同，不必以『將』為『送』。」

維鵲有巢，維鳩盈之。 盈：滿，充滿。《毛傳》：「盈，滿也。」《鄭箋》：「滿者，言眾媵（ying）侄娣之多。」媵，陪嫁的女子。娣：姐稱妹為娣。**之子于歸，百兩成之。** 成：成就，完成，成其婚禮。朱熹《集傳》：「成之，成其禮也。」

〔1〕《昏義》：「敬慎重正，而後親之（孔穎達疏：「言行昏禮之時，必須恭敬謹慎，尊重正禮，而後男女相親」），禮之大體，而所以成男女之別，而立夫婦之義也。……故曰：『昏禮者，禮之本也。』夫禮始於冠，本於昏，重於喪、祭，尊於朝、聘，和於鄉、射。此禮之大體也。」冠，指冠禮。朝，朝覲。聘，聘問。鄉、射，指鄉飲酒禮和射禮。

召南·采蘩

　　於沼沚山澗採蘩且勞於祭祀的這些婦女們，她們的身份是個謎。以全詩口吻以及「被之僮僮（tóng），夙夜在公」之視角，詩非其所為──詩人遠遠地望著她們的匆忙身影，欣然而作。從《毛序》「夫人不失職也。夫人可以奉祭祀，則不失職矣（鄭玄箋：「奉祭祀者，采蘩之事也。不失職者，夙夜在公也」）」可得啟示，《采蘩（fán）》實即一首「享祀」之讚歌──享祀即「享世」，是「公侯」者最樂於玩味之景象。作詩者頗具匠心。

　　于以采蘩？ 于以：猶言「于何」，「在何處」。蘩：白蒿。《毛傳》：「蘩，白蒿也，所以生蠶。」即用來做蠶山，以便蠶於其上吐絲結繭。**于沼于沚。** 沼：池；沼澤。沚（zhǐ）：水中的小塊陸地。《毛傳》：「沚，渚（zhǔ）也。」《說文》：「沚，小渚曰沚。《詩》曰『于沼于沚。』」渚，水中小洲。《爾雅·釋水》：「小洲曰渚。」**于以用之？公侯之事。** 公侯：公與侯。文獻有紀周代爵位分設五等，公、侯為第一、二等。此處之「公侯」或為泛指。參《周南·兔罝》注。事：為「公侯」務蠶之事。方玉潤《原始》：「事，蠶事也。」

　　于以采蘩？于澗之中。 澗：《毛傳》：「山夾水曰澗。」**于以用之？公侯之宮。** 宮：方玉潤《原始》：「宮者，蠶室也。」

　　被之僮僮， 被：多解為髮飾。于省吾《新證》「被、彼古通」，被即「彼」。僮僮：多解狀髮髻高聳貌和髮飾之盛。但如「被」非髮飾，則「僮僮」便非「高聳」。僮從人，疊連讀之，似現眾多勞作之身影；現代語中有「人影僮僮」者，字同。方玉潤《原始》：「僮從人，蓋『僮僕』之僮。曰僮僮者，僕婦眾多之貌耳。」又牟庭《詩切》：「被之僮僮，言被負所采之蘩，往來衝衝然。」衝衝，往來不絕貌。**夙夜在公。** 夙夜：夙，早也。夜，夕也。公：朱熹《集傳》：「公，公所也。」「公所」當指國君所在的處所。或泛指。**被之祁祁，** 祁祁：姚際恒《通論》：「祁祁，眾多貌。與『祁祁如雲』同義。」《大雅·韓奕》句。又王引之《述聞》（卷五）：「被之祁祁，祁祁如雲，皆盛貌也。」**薄言還歸。** 薄言：語助詞。有嗟歎辛勞奔波之義。一說薄，甫，始；言，乃。參《周南·葛覃》、《芣苢》注。

召南・草蟲

《鄭箋》：「未見君子者，謂在塗（途）時也。在塗而憂，憂不當君子，無以寧父母，故心衝衝然。」所言即所謂「古者婦人三月而後廟見」。〔1〕黃焯在《毛詩鄭箋平議》中引《左傳・隱公八年》、《白虎通・嫁娶》、《公羊傳・成公九年》之注疏，「蓋昏禮自大夫以上，皆女至婿家，三月見祖廟之後，乃始成昏。與士當夕成昏禮異。……此詩云『未見君子，憂心忡忡』者，蓋女至婿家，尚未成婦之時，憂不當君子之意而被出棄，以為父母辱耳。」

朱熹《詩集傳》：「南國被文王之化，諸侯大夫行役在外，其妻獨居，感時物之變，而思其君子若此。」朱熹襲鄭玄、孔穎達說也以為《二南》產生於文王、武王時期，並「（周公）制作禮樂，乃採文王之世，風化所及民俗之詩」，所以「南國被文王之化……」

一首春秋之「情歌」，圍繞《毛序》「大夫妻能以禮自防」而被恣意發揮──始於西漢、盛於東漢之「經學」於帝王政治（意識形態）或不無裨益，但時時要現出甚至是醜陋的一面來。

喓喓草蟲，喓喓（yāo）：蟲叫聲。草蟲：蝗蝻。**趯趯阜螽**。趯趯（tì）：蟲躍貌。《毛傳》：「趯趯，躍也。」《鄭箋》：「草蟲鳴，阜螽躍而從之。」阜螽：即蚱蜢（zhàměng）。**未見君子，憂心忡忡**。忡忡（chōng）：心神不安。《毛傳》：「忡忡，猶衝衝也。」馬瑞辰《通釋》：「《爾雅・釋訓》：『忡忡、惙惙，憂也。』……《毛傳》訓忡忡為衝衝，蓋以忡忡為動心之貌。」何遜《七召》「神忽忽而若忘，意衝衝而不定」。**亦既見止**，止：之。本詩三章凡「止」均為「之」，皆係句末指示代詞。**亦既覯止**，覯（gòu）：遇，遇到。《毛傳》：「覯，遇」陳奐《傳疏》：「既遇，謂已與君子相遇也。」胡承珙《後箋》：「覯謂遇君子接待之禮。」一說覯，通「媾」，男女相合。《鄭箋》：「既覯，謂已昏（婚）也。……《易》曰：『男女媾精，萬物化生。』」見《繫辭下》。**我心則降**。降：《毛傳》：「下也。」《孔疏》：「故我心之憂即降下也。」

陟彼南山，言采其蕨。言：助詞，用在動詞前，有強調語氣作用。胡適在《詩三百篇言字解》中認為此「言」及《邶風・泉水》「還車言邁」、《鄘

風·載馳》「驅馬悠悠，言至于漕」、《衛風·氓》「靜言思之」、《衛風·伯兮》「焉得諼（xuān）草，言樹之背」等「言」，皆兩動詞之間的「挈合詞」，相當於「而」字。蕨（jué）：蕨菜。**未見君子，憂心惙惙。**惙惙（chuò）：憂慮不安。朱熹《集傳》：「惙惙，憂貌。」**亦既見止，亦既覯止，我心則說。**說：音、義同「悅」。

陟彼南山，言采其薇。薇：山薇菜。朱熹《集傳》：「薇，似蕨而差大，有芒而味苦，山間人食之。」又王夫之《稗疏》：「蕨之有芒而大者色黃，蓋貫眾之苗，俗呼野雞尾，味辛苦有毒，無食之者。」貫眾，一種草藥。**未見君子，我心傷悲。亦既見止，亦既覯止，我心則夷。**夷：平靜而喜悅。《毛傳》：「夷，平也。」馬瑞辰《通釋》：「夷、悅以雙聲為義。《爾雅·釋言》：『夷，悅也。』《風雨》詩『云胡不夷』，《那》詩『亦不夷懌』，《毛傳》並訓夷為悅。此詩『我心則夷』對上『我心傷悲』言，猶云『我心則悅』也，正當訓為悅。」

〔1〕《公羊傳·成公九年》何休注：「古者婦人三月而後廟見，稱婦，擇日而祭於禰（mí），成婦之義也。父母使大夫操禮而致之。必三月者，取一時足以別貞信，貞信著，然後成婦禮。」禰，奉祀亡父之宗廟。

召南·采蘋

將祭祀過程編創成歌謠傳唱，足見周代——即便是春秋時代，旨在維護一定政治秩序的祭祀在現實生活中所佔的比重和位置。在採集、淘洗和烹煮祭品一系列的勞作中，煙氣蒸騰裏是既得利益「集團」的心理滿足和「貴族」之精神彌散。而莊敬之女被薦選參與祭祀並主持之，〔1〕或見得孔子之前的婦女地位，情況並不同於其後。

于以采蘋？蘋（píng）：即蘋，俗稱「四葉菜」、「田字草」。蕨類植物，蘋科。多年生草本，多生水田、池塘、溝渠等淺水中。全草可入藥。詩中所採蘋、藻用於祭祀。南朝齊梁間詩人柳惲《江南曲》有「汀州採白蘋，日暖

江南春」句。**南澗之濱。于以采藻？**藻：最古老的植物，生於水中。王夫之《稗疏》：「牛藻亦謂之蘊，《左傳》所謂蘊藻也，性極冷，古人體質厚，可食。」**于彼行潦。**行潦（hánglǎo）：《毛傳》：「流潦也。」《孔疏》：「行者，道也。《說文》云：『潦，雨水也。』然則行潦，道路之上流行之水。」《左傳‧隱公三年》「潢污行潦之水」其疏：「行，道也。雨水謂之潦。言道上聚流者也。服虔云：『畜小水謂之潢。水不流謂之汙。行潦，道路之水。』是也。」《說文》：「潦，雨水大貌。」段玉裁注：「雨水，謂雨下之水也。……潦，水流而聚焉，故曰行潦。」《玉篇》：「潦，雨水盛也。」汙音見《周南‧葛覃》注。又陳奐《傳疏》：「行，猶流也。行潦，山澗之流潦也。」馬瑞辰《通釋》：「行者，洐（xíng）字之省借。《說文》：『洐，溝行水也。』……溝水之流曰洐，雨水之大曰潦。」

于以盛之？維筐及筥。筐、筥（jǔ）：皆從竹，均為竹編容盛之器。《毛傳》：「方曰筐，圓曰筥。」**于以湘之？**湘（shāng）：「鬺（shāng）」之借，烹煮。《史記‧封禪書》「禹收九牧之金，鑄九鼎。皆嘗亨鬺上帝鬼神」。**維錡及釜。**錡（qí）：有足的鍋。釜：鍋。《毛傳》：「錡，釜屬。有足曰錡，無足曰釜。」

于以奠之？奠：放置祭品。《毛傳》：「奠，置也。」王先謙《集疏》引《說文》：「奠，置祭也。從酋，酒也。」**宗室牖下。**宗室：宗廟。《毛傳》：「大宗之廟也。」牖（yǒu）：窗戶。馬瑞辰《通釋》：「古者宮室之制，戶東而牖西。……古者牖一名鄉（向），取鄉明之義。其制向上取明，與後世之窗稍異。牖下對上而言，非橫視之為上下也。」《古詩十九首》青青河畔草：「盈盈樓上女，皎皎當窗牖。」**誰其尸之？**尸：本指祭祀時裝扮成被祭者，代表被祭者接受祭祀的人，這裡指主持祭祀。**有齊季女。**齊（zhāi）：端莊恭敬。《毛傳》：「齊，敬。」陸德明《釋文》：「齊本亦作齋。」季女：季，本指排行第四或最小的，此處「季女」即指少女。《毛傳》：「季，少也。」王夫之《稗疏》：「季女者，未嫁之女也。」

〔1〕《毛序》以為《采蘋》「大夫妻能循法度也。能循法度，則可以承先祖，共（供）祭祀矣」。鄭玄引《禮記‧內則》「女子十年不出，姆教婉娩（引按：婉娩，貞靜柔順）聽從，執麻枲（麻枲即指麻的纖維，麻綫），治絲繭，織紝（紝音 rèn，絲織品之稱）組紃（紃音 xún。組紃，結絲為縧〔tāo〕帶），學女事以共（供）衣服。觀於祭祀，納酒漿籩豆菹醢（菹醢音 zūhǎi，肉醬），禮相助奠。十有五而笄（jī），二十而嫁」，將「能循法度」箋為：「今既嫁為大夫妻，能循其為女之時所學所觀之事以為法度。」鄭玄對應《三禮》解《詩》，典型的「經學」造作。枲音見《周南‧葛覃》注。

召南‧甘棠

《左傳‧襄公十四年》秦景公問政於士鞅，士鞅在談及晉大夫欒書時說：「武子之德在民，如周人之思召公焉，愛其甘棠，況其子乎？」杜預注：「召公奭聽訟，舍於甘棠之下，周人思之，不害其樹，而作勿伐之詩，在《召南》。」史遷紀之：「召公之治西方，甚得兆民和。召公巡行鄉邑，有棠樹，決獄政事其下，自侯伯至庶人各得其所，無失職者。召公卒，而民人思召公之政，懷棠樹不敢伐，哥（歌）詠之，作《甘棠》之詩。」（《燕召公世家》）

呵護和懷念一棵樹，遠比懷念一個具體的人要深沉，這是《詩經》時代人的情懷。而後世演其「聽訟」「決獄政事」之故事〔1〕——儒家總希望專制政治的「王」之下能有一個能力和人格近乎完美的輔臣。但是，即便如儒家之史說，即便如「周公」、「召公」者，我們所看到的他們實質上是在「愛君」而非「愛民」，「愛民」之目的還是「愛君」。

蔽芾甘棠，蔽芾（fèi）：茂密蔥鬱。方玉潤《原始》：「芾，茂盛。蔽謂可蔽風日也。」甘棠：樹名。又名棠梨，杜梨。落葉喬木，春夏盛開白花，果形似梨而小，可食。**勿翦勿伐，**翦：同剪。**召伯所茇。**召（shào）伯：周史中有二「召伯」，一曰召康公姬奭，即燕召公，又稱邵公，周代燕國的建立者。武王滅商後，封召公於北燕。歷代解《詩》者多從《史記》說。《毛傳》：「召伯，姬姓，名奭，採食於召，作上公，為二伯，後封於燕。此美其伯之功，故言『伯』云。」《鄭箋》：「召伯聽男女之訟，不重煩勞百姓，舍止小棠之下而聽斷焉。國人被其德，說其化，思其人，敬其樹。」一曰「召穆公姬

虎」，周宣王時傑出大臣，召公奭的後代。屈萬里《詩經詮釋》：「召伯，召穆公虎也。早期經籍，於召伯或稱召公。而絕無稱召公奭為伯者。」其他研究《詩經》的學者也頗有認為《甘棠》之「召伯」是召伯虎者。茇：草舍。此處用作動詞。《鄭箋》：「茇，草舍也……止舍小棠之下。」茇音見《周南·兔罝》注。

蔽芾甘棠，勿翦勿敗，敗：毀壞。朱熹《集傳》：「敗，折。」**召伯所憩。**憩：憩息。

蔽芾甘棠，勿翦勿拜，拜（bá）：「拔」之借。《鄭箋》：「拜之言拔也。」《廣韻》、王應麟《詩考》引作「扒」；又朱熹《集傳》：「拜，屈。」**召伯所說。**說（shuì）：稅，停車止息。《毛傳》：「說，舍也。」《爾雅·釋詁》郭璞注引《詩》作「召伯所稅」。陸德明《釋文》：「說，本作稅，始銳反，舍也。」

〔1〕《韓詩外傳》：「昔者周道之盛，邵伯在朝，有司請營邵以居。邵伯曰：『嗟！以吾一身而勞百姓，此非吾先君文王之志也。』於是出而就蒸庶於阡陌隴畝之間而聽斷焉。邵伯暴處遠野，廬於樹下，百姓大說（悅），耕桑者倍力以勸。於是歲大稔，民給家足。其後，在位者驕奢，不恤元元，稅賦繁數，百姓困乏，耕桑失時。於是詩人見邵伯之所休息樹下，美而歌之。《詩》曰：『蔽茀甘棠，勿剪勿伐，召伯所茇。』此之謂也。」

召南·行露

漢人的確可能被女子決絕之言辭蒙蔽了，《行露》並非訟詞〔1〕而是桑間陌上、院場里巷勞作的婦女們傳唱之歌謠。生命總歸壓抑而「室家不足」、「亦不女（rǔ）從」之吶喊。女子之地位早自母系氏族制終結時便開始下降，最終成為普遍的勢弱群體──從政治經濟學的角度講，性別分工適應其社會生產力水平並受生產關係影響，她們無法抗爭改變。（稍後孔子「女子」觀和西漢董仲舒為固化君權而創新儒說之「陰陽」論，〔2〕使中國女性在男權社會處於依附地位成為「文化」。直至二十世紀初西學東進一段時間後「子君」者才大

聲喊出：「我是我自己的，他們誰也沒有干涉我的權利！」但其結局仍然是悲劇。魯迅《傷逝》）

厭浥行露，厭浥（yì）：露水多，潮濕貌。《毛傳》：「厭浥，濕意也。」馬瑞辰《通釋》：「厭浥，即湆（qì）浥之假借。《說文》：『湆，幽濕也。』……《說文》又曰：『浥，濕也。』《廣雅》：『湆浥，濕也。』湆浥二字雙聲，湆與厭亦雙聲。湆浥通作厭浥。」王維《送元二使安西》有「渭城朝雨浥輕塵」句。行（háng）：道路。**豈不夙夜，**夙夜：夙，早。夙夜即指天將曉，將明未明之時。句意指夙夜而行。**謂行多露？**謂：畏之假借。馬瑞辰《通釋》：「謂，疑畏之假借，凡詩上言豈不、豈敢者，下句多言畏。《大車》詩『豈不爾思，畏子不敢』，『豈不爾思，畏子不奔』，《小明》詩『豈不懷歸，畏此譴怒』，『豈不懷歸，畏此反覆』，《縣蠻》詩『豈敢憚行，畏不能趨』，『豈敢憚行，畏不能極』，又《左傳》引逸詩『豈不往欲，畏我友朋』，與此詩句法相類。……『謂行多露』，正言畏行道之多露耳。」又胡承珙《後箋》：「玩首章『謂』字，當與下二章『誰謂』之『謂』一律。誰謂者，誣善（引按：誣讒善者）之詞，眾不能察，而歸之聽訟之明者也。故此云厭浥者，道中之露也。然必早夜而行，始犯多露；豈不早夜，而謂多露之能濡己乎。以興本無犯禮，不畏強暴之侵陵（凌）也。」

誰謂雀無角？角：指鳥嘴。俞樾《群經平議》（以下通紀《平議》）：「竊疑所謂角者，即其喙也。鳥喙尖銳，故謂之角。」聞一多《新義》：「獸角鳥喙，其形其質，並極相似，又同自衛之器，故古者角之一名，獸角與鳥喙共之。」從上下詩意看，取釋鳥喙是合適的，應之「鼠牙」，更為形象。鳥、鼠去來無定，陰損難防。王夫之《稗疏》：「雀實有角，鼠實有牙。有角故穿屋，有牙故穿墉。健訟者取以喻已曾有婚姻之約，此四句述訟者之誣詞，而下始堅拒之。」**何以穿我屋？誰謂女無家？**女：汝。家：指妻室。**何以速我獄？**速：招致。獄：訴訟。**雖速我獄，室家不足！**室家：指婚而立家室。不足：（要求婚匹的條件和理由）不夠充分。《鄭箋》：「室家不足，謂媒妁之言不和，六禮之來，強委之。」《孔疏》：「此強暴之男侵陵貞女，女不

肯從，為男所訟，故貞女與對，此陳其詞也。……而室家之道不足，已終不從之。」按：六禮見《儀禮・士昏禮》、《禮記・昏義》，即「納采」、「問名」、「納吉」、「納徵」、「請期」、「迎親」。實為漢人歸納。

誰謂鼠無牙？何以穿我墉？墉（yōng）：《毛傳》：「墉，墙也。」**誰謂女無家？何以速我訟？雖速我訟，亦不女從！**女從：即從汝。《毛傳》：「不從，終不棄禮而隨此強暴之男。」胡承珙《後箋》：「蓋在當時，必有女氏未許而男子強求之事。觀經文『亦不汝從』，詞旨決絕，必非已許嫁者可知。」

〔1〕《毛序》：「《行露》，召伯聽訟也。衰亂之俗微，貞信之教興，強暴之男不能侵陵貞女也。」《鄭箋》：「衰亂之俗微，貞信之教興者，此殷之末世，周之盛德，當文王與紂之時。」《孔疏》：「作《行露》詩者，言召伯聽斷男女室家之訟也。由文王之時，被化日久，衰亂之俗已微，貞信之教乃興，是故強暴之男不能侵陵貞女也。男雖侵陵，貞女不從，是以貞女被訟，而召伯聽斷之。《鄭志》張逸問：『《行露》召伯聽訟，察民之意化耳，何訟乎？』答曰：『實訟之辭也。』民被化久矣，故能有訟。問者見貞信之教興，怪不當有訟，故云察民之意而化之，何使至於訟乎？答曰：此篇實是訟之辭也。由時民被化日久，貞女不從，男女故相與訟。如是民被化日久，所以得有強暴者，紂俗難革故也。……經三章，下二章陳男女對訟之辭。首章言所以有訟，由女不從男，亦是聽訟之事也……」

並非「德治與法治相結合」，也非「法制觀念已經深入人心」。「文王與紂之時」政權還未建立，「盛德」已經如此。以其所說，若非「紂俗難革」之故，周之「天下」將是一個無訟獄的「和諧社會」。史遷在《周本紀》中已經杜撰了一個鋪墊性的「虞芮爭訟」的故事──「經學」隨「歷史」而叫好權力、推崇皇權，皆發生在集權一統的漢帝國時代。「歷史」顯得一本正經，而「經學」則常常不擇手段，但比讖緯、術數還是要體面一些。

〔2〕《春秋繁露・奉本》「禮者，繼天地、體陰陽，而慎主客、序尊卑、貴賤、大小之位，而差外內、遠近、新故之級者也……」《陽尊陰卑》「丈夫雖賤皆為陽，婦人雖貴皆為陰；陰之中亦相為陰，陽之中亦相為陽，諸在上者皆為其下陽，諸在下者皆為其上陰……是故《春秋》君不名惡，臣不名善，善皆歸於君，惡皆歸於臣……惡

之屬盡為陰，善之屬盡為陽……」《基義》「凡物必有合；合必有上，必有下……陰者，陽之合，妻者，夫之合，子者，父之合，臣者，君之合……君臣、父子、夫婦之義，皆取諸陰陽之道。君為陽，臣為陰，父為陽，子為陰，夫為陽，妻為陰，陰陽無所獨行，其始也不得專起，其終也不得分功，有所兼之義。是故臣兼功於君，子兼功於父，妻兼功於夫，陰兼功於陽，地兼功於天。舉而上者，抑而下也……是故仁義制度之數，盡取之天，天為君而覆露之，地為臣而持載之；陽為夫而生之，陰為婦而助之，春為父而生之，夏為子而養之……王道之三綱，可求於天。」

……

召南・羔羊

孟子也曾頗有興致地鼓吹和提倡過「仁政」，說「五畝之宅，樹之以桑，五十者可以衣帛矣。雞豚狗彘之畜，無失其時，七十者可以食肉矣」（《梁惠王上》）。極力力為王權吆喝，卻是天真，因為從來就不是公民社會之「民制」而是「王制」，制度或缺，義務與權利無相比（春秋戰國所謂「愛民」思想與同時期的古希臘人文精神更無相比），所以「食肉」的資格不在於年齡而在於權力與身份。這裡是春秋時的「召南」──至戰國至秦漢以降，《羔羊》者，不過「王制」官僚政治之下「公門」「公所」前的尋常景象。

羔羊之皮，羔羊：《毛傳》：「小曰羔，大曰羊。」朱熹《集傳》：「皮所以為裘，大夫燕居之服。」**素絲五紽**。素絲：未染的白絲。紽（tuó）：表所縫絲數的量詞。《毛傳》：「紽，數也。」以下「緎（yù）」「總」同。王引之《述聞》卷五：「紽、緎、總皆數也。五絲為紽，四紽為緎，四緎為總。五紽二十五絲，五緎一百絲，五總四百絲，故詩先言五紽，次言五緎，次言五總也。」羔羊之皮所縫絲數，漸次繁密，言其裘衣考究華貴。或曰紽、緎、總皆「縫」之意；或曰「紽」是紐，「緎」是套扣。合在一起是「總」，即裘衣前五排紐扣。**退食自公**，食：吃飯。公：公門。陳奐《傳疏》：「公門，謂應門也。應門內治朝，為卿大夫治朝之所。」《大雅・綿》毛傳：「王之正門曰應門。」《禮記・明堂位》孔穎達疏：「《爾雅・釋宮》云：『正門謂之應門。』李巡云：『宮中南向大門，應門也。』應，是當也。以當朝正門，故謂之應門。」此「公門」或泛指官署。並參《禮記・曲禮上》相關情節。退食自公：意即自

公門吃飽飯出來。**委蛇委蛇。**委蛇（wēiyí）：（酒足飽飽）悠然自在曲行踱步貌。《毛傳》：「委蛇，行可從跡也。」《鄭箋》：「委曲自得之貌。」《離騷》「駕八龍之婉婉兮，載雲旗之委蛇」，王逸注：「委蛇而長也。」《莊子‧應帝王》「吾與之虛而委蛇」，王先謙《集疏》：「成（玄英）云：『委蛇，隨順貌。』郭（象）云：『無心而隨物化。』案：《列子》『委蛇』作『猗移』，義同。」見《列子‧黃帝》。

羔羊之革，革：皮無毛的一面，即皮板。**素絲五緎。委蛇委蛇，自公退食。**

羔羊之縫，縫：指所縫製的皮革。陳奐《傳疏》：「上言皮革，此言縫，則所縫者皮革也。」聞一多《新義》：「詩一章曰『羔羊之皮』，二章『羔羊之革』，三章曰『羔羊之縫』，皮、革一義，則縫亦當與之同，縫，依字當作韸……皮、革、韸皆一語之轉，故字雖三變，義則一而已矣。」**素絲五總。委蛇委蛇，退食自公。**

召南‧殷其靁

《毛序》：「召南之大夫遠行從政，不遑（huáng）寧處。其室家能閔其勤勞，勸以義也。」清人姚際恒、崔述與其較真：「『歸哉歸哉』，是望其歸之辭，絕不見有『勸以義』之意」（《詩經通論》）；「今玩其詞意，但有思夫之情，絕不見所謂『勸義』者何在」（《讀風偶識》）。姚、崔「玩其詞」卻未能「參其意」──漢人解《詩》於經無所當之「經學」謊言，又何止此「勸義」？所謂「義」者，蓋忠君所在，更是「王」之「集團」利益所在。〔1〕

殷其靁，殷：《毛傳》：「雷聲也。」《鄭箋》：「雷以喻號令於南山之陽，又喻其在外也。召南大夫以王命施號令於四方，猶雷殷殷然發聲於山之陽。」陳奐《傳疏》：「殷，猶殷殷也。殷殷，猶隱隱也。」**在南山之陽。**陽：山南水北謂之陽。《毛傳》：「山南曰陽。雷出地奮，震驚百里。山出雲雨，以潤天下。」**何斯違斯？**斯：此。前「斯」指時間，後「斯」指地點。違：遠離。《說文》：「違，離也。」《毛傳》：「違，去。」《鄭箋》：「何乎此君子，適居此，

復去此，轉行遠，從事於王所命之方，無敢或閑暇時。閔其勤勞。」嚴粲《詩緝》：「何為此時速去此所乎？蓋以公家之事，而不敢遑暇也。」又馬瑞辰《通釋》：「《爾雅·釋詁》：『違，遠也。』邢疏引《詩》『何斯違斯』。蓋以雷聲之近與君子之遠此耳。」**莫敢或遑**。或：有。馬瑞辰《通釋》：「或、有古通用。《小爾雅》《廣雅》並曰：『或，有也。』莫敢或遑，即莫敢有遑。」遑：《毛傳》：「暇也。」**振振君子**，振振：勤奮，勤勉。王先謙《集疏》：「此振奮有為之君子，庶幾畢王事而得歸哉！」君子：對行役之人的尊愛之稱。**歸哉歸哉**。

殷其靁，在南山之側。何斯違斯？莫敢遑息。息：歇息。《毛傳》：「息，止也。」**振振君子，歸哉歸哉**。

殷其靁，在南山之下。何斯違斯？莫或遑處。處：《毛傳》：「居也。」**振振君子，歸哉歸哉**。

〔1〕殷殷雷聲中君子「莫敢或遑」，「振振」其表之下，是於征戰不息之「王事」的栗栗危懼。但同是應徵行役之作，相較《齊風·東方未明》，地域不同，創作主體不同，《殷其靁》的格調要比前者高許多。

召南·摽有梅

「令男三十而娶，女二十而嫁。……中春之月，令會男女。於是時也，奔者不禁。若無故而不用令者，罰之，司男女之無夫家者而會之。凡嫁子娶妻，入幣純帛無過五兩。」〔1〕春秋末、戰國更為迫切，「昔者聖王為法曰：丈夫二十毋敢不處家，女子十五毋敢不事人。此聖王之法也」（《墨子·節用上》）；「令壯者無取老婦，令老者無取壯妻。女子十七不嫁，其父母有罪；丈夫二十不娶，其父母有罪。將免（娩）者以告，公令醫守之。生丈夫，二壺酒，一犬；生女子，二壺酒，一豚。生三人，公與之母（引按：乳母）；生二人，公與之餼（餼音 xì，贈送食物）」（《國語·越語》）；「丈夫二十而室，婦人十五而嫁」（《韓非子·外儲說右下》）——人口多寡在某種程度上決定戰爭之勝負，所以於婚姻的干預原自政權「人口紅利」之需，鼓勵「萬民」婚配生育也就成為其「基本國策」。

一首未婚女子「急婿」（龔橙《詩本誼》）的「詩」，無論是上層的「主旨創作」還是「民歌」，皆於政權「教化」之響應——集權與極權政治從一開始就顯得野蠻恐怖，但很湊效。

摽有梅，摽（biào）：通「𢾭（biào）」，落。王先謙《集疏》：「《魯》、《韓》摽作『芟』，《齊》作『蔈』。」《說文》「𢾭，物落。……讀若《詩》：『摽有梅』」，段玉裁注：「《毛詩》摽字，正𢾭之假借。」一說摽，拋。聞一多《新義》：「摽，即古拋字。」有：名詞前助詞。**其實七兮。**實：梅實。七：七成。《毛傳》：「盛極則隋（duò 墮）落者，梅也，尚在樹者七。」**求我庶士，**庶：眾。《爾雅·釋言》：「庶，侈也。」士：指男子。**迨其吉兮。**迨（dài）：趁。《鄭箋》：「迨，及也。」吉：朱熹《集傳》：「吉日也。」

摽有梅，其實三兮。求我庶士，迨其今兮。

摽有梅，頃筐塈之。頃筐：淺筐。塈（xì）：《毛傳》：「取也。」馬瑞辰《通釋》：「塈者摡（xì）之假借……《廣雅》：『摡，取也。』」**求我庶士，迨其謂之。**謂：會。《毛傳》：「謂之，不待備禮也。三十之男，二十之女，禮未備則不待禮，會而行之者，所以蕃育民人也。」馬瑞辰《通釋》：「此《傳》義本《周官·媒氏》『仲春令會男女』，以謂之為『會之』之假借。」

〔1〕《地官·媒氏》。賈公彥疏：「謂是仲春時。此月既是娶女之月，若有父母不娶不嫁之者，自相奔就，亦不禁之。」「入幣純帛無過五兩」之規定是避免滋長奢侈之風和加重娶妻者的負擔。純帛，絲織物。五兩，鄭玄注：「十端也。……然則每端二丈。」《周禮》戰國、西漢人所為，但所紀或有西周、春秋之情形者。

召南·小星

在天子、諸侯、大夫、士的宗法序列中，「士」居其末但享有祿田，是「食力」〔1〕的庶人之上的「貴族」。他們身通「六藝」，〔2〕熟悉典制，有著較高的文化素養和責任心，「盡瘁事國」〔3〕便自是他們和等而下之小臣小吏們的命運。（姚際恒《詩經通論》：「此篇章俊卿以為『小臣行役之作』，是也」）

　　嘒彼小星，嘒（huì）：《毛傳》：「微貌。」**三五在東。**三五：泛指
稀少，非實數。類辛棄疾《西江月》「七八個星天外」者。朱熹《集傳》：「三、
五言其稀，蓋初昏或旦將時也。」姚際恒《通論》：「山川原隰之間，仰頭見
星，東西歷歷可指，所謂『戴星而行』也。」《資治通鑑》（卷五十三）「……
太后聞之，皆赦不誅。杜喬故掾陳留楊匡，號泣星行」，胡三省注：「星行者，
見星而行，見星而舍。或曰星行者，言戴星而行，夜不遑息也。」**肅肅宵征，**
肅肅：急匆貌。《毛傳》：「肅肅，疾貌。」宵征：《毛傳》：「宵，夜。征，行。」
夙夜在公。寔命不同！寔（shí）：即「是」，指代詞。命：命運。朱熹《集
傳》：「命，謂天所賦之分也。」

　　嘒彼小星，維參與昴。參（shēn）昴（mǎo）：二十八宿西方七宿中
的參宿與昴宿。阮元《小滄浪筆談》（卷一）：「及其清露濕衣，仰見參昴，城
頭落月，大如車輪，是天將曙矣。」**肅肅宵征，抱衾與裯。**抱：古「拋」
字。錢大昕《聲類》：「抱，古拋字。」衾、裯（chóu）：皆被子。《毛傳》：「衾，
被也。裯，單被也。」陳奐《傳疏》：「渾言衾、裯皆被名，析言則裯為單被。
而衾為不單之被。」**寔命不猶！**不猶：不若。《毛傳》：「猶，若也。」《鄭
箋》：「不若亦言尊卑異也。」

　　〔1〕《晉語四》：「公食貢，大夫食邑，士食田，庶人食力，工商食官，皂錄食
職，官宰食加。」公，王公。工商食官，指工商之官領受官廩。官宰，家臣。加，大
夫之加田。

　　〔2〕《地官・保氏》：「養國子以道，乃教之六藝：一曰五禮，二曰六樂，三曰
五射，四曰五馭，五曰六書，六曰九數。」

　　〔3〕《小雅・北山》：「或燕燕居息，或盡瘁事國。或息偃（yǎn）在床，或不已
于行。或不知叫號，或慘慘劬（qú）勞。或棲遲偃仰，或王事鞅掌。」有今語譯為：
「有些人在家裏安安逸逸，有些人為國事筋疲力竭。有些人吃飽飯高枕無憂，有些人
在道路往來奔走。有些人不曉得人間煩惱，有些人身和心不斷操勞。有些人隨心意優
游閒散，有些人為王事心忙意亂。」（余冠英《詩經選》）

召南·江有汜

　　無論西周還是春秋，世俗的愛情婚姻在「野」不在朝，在「鄉遂」（《周禮》王畿〔1〕郊內置六鄉，郊外置六遂。諸侯國亦有鄉、遂之設）而不在「都鄙」（《天官·大宰》鄭玄注：「都之所居曰鄙……都鄙，公卿大夫之采邑，王子弟所食邑」〔2〕）。《江有汜》裏的女子，面對一江逝水長嘯而歌，呼喚的是曾經所擁有……

　　江有汜，江：長江。汜（sì）：《毛傳》：「（水）決復入為汜。」《說文》：「汜，水別復入水也。」幹流分出一段後又匯入幹流。聞一多《新義》：「婦人蓋以水喻其夫，以水道自喻。而以水之旁流支出不循正道者，喻夫之情愛別有所屬。」「水之旁流支出」不能紀為「支流」，易與水文地質學上的「支流」混淆。「支流」是指流入幹流的河，而非幹流有分支。**之子歸，**之子：之，指代詞，此。子，指所言「夫」之新歡。歸：嫁（來）。**不我以。**即不以我。下「不我與」與「不我過」句式同。以：從。**不我以，其後也悔。**

　　江有渚，渚：水中的陸地。《毛傳》：「渚，小洲也，水歧成渚。」即水分而合，形成的江河中間的陸地。馬瑞辰《通釋》：「蓋將遇渚則分，過渚復合也。」又王先謙《集疏》：「洲旁之小水亦稱渚。」渚音見《采蘩》注。**之子歸，不我與。**與：同，引為「同在一起」。**不我與，其後也處。**處：居。王先謙《集疏》：「言今日不偕我居，其後必悔而偕我居也。」

　　江有沱，沱：《毛傳》：「江之別者。」《鄭箋》：「岷山道江，東別為沱。」「江」、「沱」同樣可佐證《二南》之地域。道，導。一說「沱」義同「汜」。**之子歸，不我過。**過：往，到。王先謙《集疏》：「不我過，謂不至我所。」**不我過，其嘯也歌。**嘯歌：嘯而歌。朱熹《集傳》：「嘯，蹙（cù）口出聲以舒憤懣之氣。」聞一多《通義》：「嘯歌者，即號哭。謂哭而有言，其言又有節調也。」

　　〔1〕關於「王畿」，《地官·大司徒》鄭玄注：「千里曰畿。」《楚語上》韋昭注：「方千里曰畿。」但「千里」可能是一個誇大其詞的概念。《詩譜·秦譜》「……平王

東遷王城，乃以岐、豐之地賜之，始列為諸侯，遂橫有周西都宗周畿內八百里之地」；《王城譜》「王城者，周東都王城畿內方六百里之地」，孔穎達疏：「周以鎬京為西都，故謂王城為東都，王城即洛邑。《漢書・地理志》云：『初洛邑與宗周通封畿，東西長，南北短，短長相覆千里。』韋昭云：『通在二封之地，共千里也。』臣瓚按：『西周方八百里，八八六十四，為方百里者六十四。東周方六百里，六六三十六，為方百里者三十六。二都方百里者百，方千里也。』《秦譜》云：『橫有西周畿內八百里之地。』是鄭以西都為八百，東都為六百，其言與瓚同也。」此不論。

〔2〕又《地官・大司徒》鄭玄注：「都鄙，王子弟公卿大夫采地，其界曰都，鄙所居也。」賈公彥疏：「言『都鄙，王子弟公卿大夫采地』者，公在大都，卿在小都，大夫在家邑。其親王子母弟與公同在大都，次疏者與卿同在小都，次更疏者與大夫同在家邑，故總云『都鄙王子弟公卿大夫采地』也。云『其界曰都，鄙所居也』者，三等采地皆有城郭，是其鄙所居也。」童書業《春秋左傳考證・「都」「邑」之別 附論「鄉」「遂」》：

「春秋時各國以『國』——都城為主，『國』外有郊，又有所謂『郛』或『郭』為外城，《孟子》所謂『三里之城，七里之郭』是也。凡大邑必有城，邑之城蓋不如『國』，故春秋時常見屢修邑城之舉。『有宗廟先君之主』（引按：《左傳・莊公二十八年》）者，屬於諸侯大夫之大邑，皆有正式之城，謂之『都』。『都』者美盛之意。……（引省）邑者本人民聚居之處，民居有多少，故邑有大小，或有城或無城。然雖小邑，亦必築有衛牆，即所謂『保』（鄭玄云「小城曰保」），（引按：見《禮記》「孟夏」注。《左傳・襄公八年》「焚我郊保，馮陵〔凌〕我城郭。𢿫邑之眾，夫婦男女，不遑啟處，以相救也」）以防鄰國鄰邑人之侵者。……（引省）《周官》（引按：即《周禮》）以天子之王畿分為『國』與『野』兩大區域，『郊』為其分界綫，『郊』以內為『國中及四郊』，『郊』以外為『野』，『郊』即『鄉』，『野』即『遂』也。在『國』城以外及『郊』以內分設為『鄉』，合『郊』、『鄉』及都城可以總稱為『國』。『郊』以外之『野』分設為『遂』，而直屬『國』之大城及卿大夫之采邑稱為『都鄙』，就『野』之廣義以言，實包『遂』及『都鄙』在內。《墨子・尚賢篇》：『國中之眾，四鄙之萌人，聞之皆競為義。』『國中之眾』即『國人』，『四鄙之萌人』即『野人』也。焦循云：『隱公五年《傳》：鄭人伐宋入其郛，公聞……問於使者曰：師何及？對曰：未及國。公怒，乃止。按公聞其入郛而使者對以未及國，公以其紿（引按：紿音 dài，同「詒」，欺騙）已而怒，則當時謂郛內為國也。』又云：『蓋合天下言之，則每一封為一國；而就一國言之，則郊以內為國，外為野；就郊以內言之，則城內為國，城外為郊。』其說至少與春秋時情

況合。」（《春秋左傳研究》校訂本，p163～p165）「焦循云」見其《群經宮室圖》。參朱鳳瀚《卿大夫家族的經濟形態》。（《商周家族形態研究》增訂本，p491～p493）

召南·野有死麕

　　《毛傳》「野有死麕，群田之獲而分其肉」，「野有死鹿，廣物也」。所以「死麕」「死鹿」是豐獲，是如滿山遍野的穀個子和「穭穗穀穗都上場」的喜悅。《左傳·隱公五年》「故春蒐（sōu）、夏苗、秋獮（xiǎn）、冬狩，皆於農隙以講事也」。〔1〕「事」即武事，農閒時的「民兵訓練」和大演習中，山野之一隅發生了愛情。〔2〕

　　「懷春」者，當春而有懷也，所謂「春女感陽氣而思男」（《豳風·七月》鄭玄箋）。「白茅包之」表明是早春時節。殘雪消融，地氣上騰；春陽既浮，萌者將動——在高天白雲之下，在太陽的光照裏，遠遠的那山、那人、那狗被定格在了春秋時世……

　　野有死麕， 野：牧外之野。參《周南·兔罝》注。麕音見《周南·麟之趾》注。朱熹《集傳》：「麕，獐也。鹿屬，無角。」**白茅包之。** 白茅：白茅草，此指上年之枯草。枯者有韌，方可包之、束之。《豳風·七月》「十月納禾稼……晝爾于茅，宵爾索綯（táo）」。**有女懷春，** 懷春：懷，思念。《毛傳》：「懷，思也。」懷春，指少女春情萌動而有所懷思，即有求偶之意。**吉士誘之。** 吉士：男子之美稱。《孔疏》：「吉士者，善士也。述女稱男之意，故以善士言之。」按：「女」「士」，皆未婚者之稱。孔廣森《經學巵言》（卷三）：「未嫁稱『女』，未娶稱『士』，故士與女皆為對文：《鄭風》曰『維士與女』，《夏小正》曰『綏多女、士』，《易》曰『老夫得其女，妻』、『老婦得其士，夫』，《國語》曰『罷士無伍，罷女無家』，《列子》曰『思士不妻而感，思女不夫而孕』，《荀子》曰『婦人莫不願得以為夫，處女莫不願得以為士』。」（見《鄭風·溱洧》、《夏小正·二月》、《易·大過》「九二」、「九五」爻辭，《齊語》、《列子·天瑞》、《荀子·非相》）

　　林有樸樕， 林：野外之林。與下句「野」對言。樸樕：叢生的小樹。《毛傳》：「樸樕，小木也。」陳奐《傳疏》：「樸樕為小木，猶扶蘇為大木，皆疊

韻連綿字。」牟庭《詩切》：「樸樕、扶蘇，聲之輕重也。凡小木散林中為薪者，召南人謂之樸樕。」樕音見《周南・兔罝》注。**野有死鹿。白茅純束，**純（tún）束：捆綁。《毛傳》：「純束，猶包之也。」陳奐《傳疏》：「純亦束也，束裹同義。」**有女如玉。**

「**舒而脫脫兮，**舒：舒緩，輕柔。脫脫：緩緩貌。**無感我帨兮，**感（hàn）：同「撼」。《毛傳》：「感，動也。」帨：也稱「褵（lí 縭）」，女子所繫佩巾。馬瑞辰《通釋》：「古以佩巾為帨，《內則》『左佩紛帨』是也。亦以縭為帨，《東山》詩『親結其縭』毛《傳》『縭，婦人之褘，』又引《士昏禮》：『施衿（jīn）結帨』；《爾雅》『婦人之褘謂之縭』，孫炎注『褘，帨巾也』是也。《內則》『女子生，設帨與門右』及此詩『無感我帨』，帨皆為縭。固其為女子出嫁時所結，故重言之，非佩巾也。縭為婦人之褘，褘即蔽膝；一名大巾，故又通名帨。」帨音見《周南・兔罝》注。參《葛覃》注。**無使尨也吠……**」尨（máng）：多毛的狗。《毛傳》：「尨，狗也。」《說文》：「尨，犬之多毛者。……《詩》曰：『無使尨也吠』。」

〔1〕搜、苗、獮、狩皆指打獵，四時不同之稱。《夏官・大司馬》「中春教振旅」、「中夏教茇（bá）舍」、「中秋教治兵」、「中冬教大閱」。中春，即仲春，指春天的第二個月，即夏曆二月。振旅，戰爭結束後班師回朝。茇舍，指在草野宿營。治兵，練習作戰。

〔2〕朱自清說錢玄同曾在給他的一封信中寫道：「想起十九年前，有一位朋友用蘇州口語『意譯』這三句為『倷（nǎi）慢慢能嘸（niā）！倷勿（fiào）拉我格絹頭嘸！倷聽聽，狗拉浪叫哉！』我覺得他譯得頗有意思。」指末章三句。（《朱自清全集》第七卷，江蘇教育出版社，1992 年）。倷，吳地方言，你。嘸，語詞，表祈使語氣。勿，「勿要」之合音，不要。

召南・何彼襛矣

無論何種時空之下，只要生活在希望和憧憬中，至少心理上還留有幸福之空間。在春水流淌的季節，當棠棣一片和桃李一樹繁花盛開的時候，人們

依然嚮往愛情，歌唱婚姻。令人驚異的是，柴門草戶的庶民卻作比以「齊侯之子」和「平王之孫」，歌之以「曷不肅雝（yōng）」和「王姬之車」。一種怎樣的願景！

何彼襛矣，襛（nóng）：《毛傳》：「襛，猶戎戎也。」馬瑞辰《通釋》：「《說文》：『襛，衣厚貌。』又『醲，酒厚也。』『濃，露之厚也。』《玉篇》：『農，厚也。』從農者多有厚意，厚與盛義近，戎戎即盛貌也。」**唐棣之華！**唐棣：即棠棣。華：花。**曷不肅雝，**曷：何。肅雝：肅敬而雍容華貴。《毛傳》：「肅，敬。雝，和。」**王姬之車！**王姬：周王之女泛稱。朱熹《集傳》：「周王之女姬姓，故曰王姬。」

何彼襛矣，華如桃李！平王之孫，平王：周平王。孫：平王孫女。**齊侯之子！**齊侯：或泛指。或曰指齊莊公。[1]

其釣維何，釣：指釣魚的綫。維：語助詞。**維絲伊緡！**伊：為。《鄭箋》：「彼何以為之乎？以絲為之綸。」馬瑞辰《通釋》：「維、惟古通用。《玉篇》：『惟，為也。』……蓋伊為語詞之維，亦讀同訓為之惟。」緡（mín）：絲合之繩，也稱為綸。牟庭《詩切》：「單絲曰絲，糾合為緡。」興以絲緡之精美，言「齊侯之子」「平王之孫」之貴。又朱熹《集傳》：「緡，綸也，絲之合為綸，猶男女之合而為昏也。」**齊侯之子，平王之孫！**

[1]「平王之孫」「齊侯之子」無定訓。《毛傳》：「武王女，文王孫，適齊侯之子。」持《傳》說者認為此詩作於西周，其時未有平王，「平」即「正也」，「齊」為齊之一侯。朱熹《詩集傳》：「或曰：平王，即平王宜臼。齊侯，即襄公諸兒，事見《春秋》，未知孰是。」

《春秋》莊公元年「夏，單伯送王姬」，十一年「冬，王姬歸於齊」。前者楊伯峻注：「單音善，天子畿內地名。單伯，天子之卿。……王姬者，周王之女之通稱。天子嫁女於諸侯，必使同姓諸侯為之主，己不主婚，以天子與諸侯尊卑不稱故也。周王將嫁女於齊，魯侯主婚，故天子之卿單伯送女來魯，以備出嫁。此王姬當是周平王之孫女，嫁於齊襄公或齊桓公，故詩《召南·何彼襛矣》詠之曰：『平王之孫，齊侯之

子。』」後者《左傳》：「冬，齊侯來逆共姬。」楊伯峻注：「齊侯，齊桓公。共姬，王姬。齊桓公來親迎。高士奇《紀事本末》云：『魯主王姬之嫁舊矣，故桓公之娶王姬，亦逆於魯，蓋魯為王室懿親也。』」

「齊侯之子」或有悖於《二南》「楚風」說。文萌　臧振《〈二南〉岐陽淵源考》認為「《二南》中『南』應指『南方的曲調』，《二南》詩歌主要應該是文、武、周公時期由岐陽去到江漢流域諸國的周人和來到岐陽周原的南方諸侯國之人創作的」。（《寶雞文理學院學報》社科版，2014 年第 5 期）

召南‧騶虞

《儀禮》中的「鄉飲酒禮」「鄉射禮」是引人入勝的。定期不定期組織的射賽大會上，笙瑟鳴奏，樂工唱《詩》，參賽者容儀得體，進退有節，在升騰的喝彩歡呼聲中竭盡全能一展身手[1]——這是以漢儒為主的「創作」。當西周、春秋之狩獵和作戰成為一種生存手段並唯一體現自我存在時，「壹發五豝（bā）」「壹發五豵（zōng）」已足可以入詩。春「葭（jiā）」秋「蓬」的莽野山澤四季裏充滿張力，彌散著殺戮的氣息。

彼茁者葭，茁：草生長旺盛。《說文》：「茁，艸（cǎo）初生地貌。……《詩》曰：『彼茁者葭。』」《孔疏》：「謂草生茁茁然出。」葭：未長穗的蘆葦。《毛傳》：「葭，蘆也。」嚴粲《詩緝》：「葭，葦之初生者。」春天其葭蓬生，詩或描寫春搜某環節。《禮記‧射義》：「其節天子以《騶虞》為節。」**壹發五豝。**壹：一次，每次。發：發射。五：泛指多。豝：母豬。《毛傳》：「豕（shǐ）牝（pìn）曰豝。」牝，鳥獸之雌性，與「牡」相對。**于嗟乎騶虞！**騶虞（zōuyú）：替國君掌管苑囿牧獵之事的官。參《地官‧山虞》、《澤虞》、《跡人》、《囿人》。賈誼《新書》：「騶者，天子之囿也。虞者，囿之司獸者也。」

彼茁者蓬，蓬：即蓬草，也稱飛蓬。《毛傳》：「蓬，草名也。」陳奐《傳疏》：「蓬春生，至秋則老而為飛蓬，《衛風》所謂『首如飛蓬』是也。」**壹發五豵。**豵：小豬。《毛傳》：「一歲曰豵。」參《爾雅‧釋獸》。按：《夏官‧大司馬》鄭玄注引鄭司農：「大獸公之，輸之於公；小禽私之，以自畀（引按：畀音 bì，給，與）也。《詩》云：『言私其豵，獻肩於公。』」一歲為豵，二歲

為豝，三歲為特，四歲為肩，五歲為慎。此明其獻大者於公，曰取其小者。」
「玄謂慎讀為麎（chén），《爾雅》曰：『豕生三曰豵，豕牝曰豝，麋牝曰麎。』」
《豳風·七月》「言私其豵，獻豜（jiān）於公」。于嗟乎騶虞！

〔1〕《射義》：「天子以射選諸侯、卿、大夫、士。射者，男子之事也，因而飾
之以禮樂也。故事之盡禮樂，而可數為，以立德行者，莫若射。」鄭玄注：「選士者，
先考德行，乃後決之於射。男子生而有射事，長學禮樂以飾之。」孔穎達疏：「聖王
所以務以射選諸侯、卿、大夫者，諸侯雖繼世而立，卿、大夫有功乃升，非專以射而
選。但既為諸侯、卿、大夫，又考其德行，更以射辨其才藝高下，非謂直以射選補始
用之也。男子生有縣（懸）弧之義……因此射事，更華飾以禮樂，則容體比於禮，其
節比於樂是也。」

邶風　鄘風　衛風

　　為安撫商之遺民和強化統治，周武王將商王畿——商的直轄地區分為以商都朝歌為中心的北邶（bèi）、南鄘（yōng）、東衛，封紂王之子武庚於邶，由武王弟霍叔駐守監督，鄘、衛由武王另外兩弟管叔、蔡叔駐守監督，謂之「三監」。[1]武王滅商後二年死，成王年幼，周公恐諸侯變亂而攝政——在武王同母兄伯邑考、弟管叔鮮、周公旦、蔡叔度、曹叔振鐸、成叔武、霍叔處、康叔封、冉季載九人中（《管蔡世家》），周公頗具才幹，危難之際足以擔當重任。但管叔是武王之弟、周公之兄，按商之兄終弟及之制（時周嫡長子繼承制尚未確立）是該由他來繼承王位的，於是聯合武庚和蔡叔一起發動了有東夷各國參加的叛亂。周公率兵東征三年而定，殺武庚、管叔，流放蔡叔，貶黜霍叔，將商都周圍地區和殷民七族封給了武王七弟康叔，建衛國（《衛康叔世家》、《左傳・定公四年》），都朝歌。

　　「邶」、「鄘」、「衛」只是出於統治所需的區劃，實則皆殷商故地——衛，[2]所以《邶風》、《鄘風》、《衛風》也皆可視為「衛風」。《左傳・襄公二十九年》吳公子季札往魯觀樂：「為之歌《邶》、《鄘》、《衛》，曰：『美哉，淵乎！憂而不困者也。吾聞衛康叔、武公之德如是，是其衛風乎？』」[3]《襄公三十一年》「《衛詩》曰：『威儀棣棣（dì），不可選也』」，將《邶風・柏舟》句稱為衛詩。《漢書・地理志》「邶、庸、衛三國之詩相與同風。《邶詩》曰『在浚之下』，《庸》曰『在浚之郊』；《邶》又曰『亦流于淇』，『河水洋洋』，《庸》曰『送我淇上』，『在彼中河』，《衛》曰『瞻彼淇奧（yù）』，『河水洋洋』」，[4]言其山川風土之同。顧炎武《日知錄》（卷三）：「邶、鄘、衛，本三監之地，自康叔之封未久而統於衛矣。采詩者猶存其舊名，謂之邶、鄘、

衛。邶、鄘、衛者，總名也，不當分某篇為邶，某篇為鄘，某篇為衛。分而為三者，漢儒之誤。」

既是王畿故地，衛詩便無可避免它的政治性和「貴族」性；不無憂思和怨嫌中也表現出了於未來的不甘與期盼。

〔1〕關於武王設「三監」，或曰將商代王畿分為「殷」和「東」兩部分，在封武庚繼續「俾守商祀」的同時，「建管叔於東，建蔡叔、霍叔於殷，俾監殷臣」。（《逸周書·作洛解》）或曰將商代王畿分為邶、鄘、衛三部分，封武庚於邶，管叔於鄘，蔡叔於衛，「以監殷民，謂之三監」。（《漢書·地理志》）或曰繼續封武庚於殷之京師，同時分商王畿為邶、鄘、衛三部分，「使管叔、蔡叔、霍叔尹而教之」。（《詩譜·邶鄘衛譜》）或曰「自殷都以東為衛，管叔監之；殷都以西為鄘，蔡叔監之；殷都以北為邶，霍叔監之，是為三監」。（皇甫謐《帝王世紀》，《史記》張守節正義引）西周史中的「武王同母兄弟十人」以及「三監」皆自《史記》等文獻，無金文可証。參楊寬《周朝的創建和東征的勝利》（《西周史》，上海人民出版社，2016年，p133～p169）

〔2〕楊寬主張劉師培「殷衛本一字」說：「『衛』和『鄣』，都是從『韋』得聲，都和『殷』聲同通用。周人把商代國都『殷』的周圍地區的封國稱『衛』，確是沿用原來名稱。」（《西周史》p141）劉師培《殷鄣同字考》：「蓋由鄣轉殷，復由殷轉衛，衛乃鄣字之異文。」見《左盦（ān）外集》卷七。

〔3〕魏源《詩古微·邶鄘衛義例篇上》：「三名一實，連而不分，視為之歌《魏》，為之歌《唐》，判然二國者殊例。是《邶》、《鄘》、《衛》之不可分，猶之曰『殷商』，曰『荊楚』，故北宮文子引今《邶風·柏舟》之語以為《衛詩》。」

〔4〕「在浚之下」為《邶風·凱風》句；「在浚之郊」為《鄘風·干旄》句；浚，衛國邑名。「亦流于淇」為《邶風·泉水》句；「送我淇上」為《鄘風·桑中》句，「瞻彼淇奧」為《衛風·淇奧》句，淇，衛國水名。阮刻本《詩經·邶風》中無「河水洋洋」句。「在彼中河」為《鄘風·柏舟》句；河，指黃河；中河，即河中。後一「河水洋洋」為《衛風·碩人》句，河指衛地之黃河。《鄘風·桑中》有「沫之鄉矣」「沫之北矣」「沫之東矣」句，「沫」即衛都朝歌。商代稱「妹邦」。魏源：「而《桑中》之詩，以『沫鄉』配『沫東』、『沫北』，則『沫鄉』即『沫邦』，蓋朝歌本在沫邑，紂、武庚、康叔皆都於此。」《周書·酒誥》有「明大命於妹邦」句。明，昭告。

邶風・柏舟

　　女子「遇人不淑」之辭。〔1〕但「憂心悄悄，慍（yùn）於群小」，漢人覺得應該相關政治。於是《毛序》：「《柏舟》，言仁而不遇也。衛頃公之時，仁人不遇，小人在側。」《鄭箋》：「不遇者，君不受己之志也。君近小人，則賢者見侵害。」《孔疏》：「《箋》以仁人不遇，嫌其不得進仕，故言『不遇者，君不受己之志』。以言『亦汎其流』，明與小人並列也。言『不能奮飛』，是在位不忍去也。《穀梁傳》曰：『遇者何？志相得。』（引按：隱公八年）是不得君志亦為不遇也。二章云『薄言往愬，逢彼之怒』，是君不受己之志也。四章云『覯閔既多，受侮不少』，是賢者見侵害也。」「得君志」、「得進仕」者不一定是「仁人」──假如存在「仁人」。〔2〕

　　西周末「下至幽、厲之際，朝廷不和，轉相非怨」（《漢書・楚元王傳》附《劉向傳》），到了春秋各自為政的各國政治生態也好不到哪裏。既有正義君子，也就必有卑鄙小人。無論宗法制還是「王制」，中國歷史的暗角裏，小人得勢司空見慣並幾成定律，又何止春秋時代「衛頃公之時」。屈原《離騷》便時時有現《柏舟》之影子。

　　汎彼柏舟，汎：漂流，漂浮。《說文》：「汎，浮也。」柏舟：柏製之舟。**亦汎其流。**亦：語助詞。**耿耿不寐，**耿耿：思慮而不安。陳奐《傳疏》王念孫《廣雅疏證》（以下通紀《疏證》）：「耿耿，警警，不安也。」《漢樂府・傷歌行》有「優人不能寐，耿耿夜何長」句。**如有隱憂。**如：連詞。王引之《述聞》：「如讀為而。惟有隱憂是以不寐，非謂若有隱憂也。」隱憂：深憂。《鄭箋》：「仁人既不遇，憂在見侵害。」《孔疏》：「此仁德之人宜用輔佐，亦與眾小人並列於朝而已。今乃不用，仁人既與小人並列，恐其害於己，故夜儆儆然不能寐，如人有痛疾之憂，言憂之甚也。」**微我無酒，**微：非。《毛傳》：「非我無酒，可以敖遊忘憂也。」《孔疏》：「非我無酒，可以敖遊而忘此憂，但此憂之深，非敖遊可釋也。」**以敖以遊。**敖：同「遨」。

　　我心匪鑒，匪：同非。鑒：鏡。**不可以茹。**茹：容納、包含。嚴粲《詩緝》：「鑒雖明，而不擇妍醜，皆納其影。我心有知善惡，善則從之，惡則拒之，不能混雜而容之。」又王夫之《稗疏》：「茹本訓吞也，無所擇而吞

受之謂，故草食曰茹。鑒之受影，物含其中，有吞之象焉。凡人物妍媸之狀，順逆之形，皆納之而無欣無距（拒），有不擇而受之象焉。『我心匪鑒』，則不可以雜受夫妍媸順逆而無所距也。既不能受非理，故難禁其憤懑之溢而思訴焉。」**亦有兄弟，不可以據。** 兄弟：《鄭箋》：「兄弟至親，當相依據。言亦有不相據依以為是者，希耳。責之以兄弟之道，謂同姓臣也。」或與《衛風·氓》「言既遂矣 至于暴矣 兄弟不知（xì）其笑矣」之「兄弟」同，指同父母血緣兄弟。據：依靠。**薄言往愬，** 薄言：語助詞，含勉為其難之意。王夫之《稗疏》：「『薄言往愬』者，心知其不可據而勉往也。」一說薄，甫，始；言，乃。參《周南·葛覃》、《茉莒》注。**逢彼之怒。**

我心匪石，不可轉也。我心匪席，不可卷也。《毛傳》：「石雖堅，尚可轉。席雖平，尚可卷。」《鄭箋》：「言己心志堅平，過於石、席。」**威儀棣棣，** 威儀：威，儼然。儀，儀容。《毛傳》：「君子望之儼然可畏，禮容俯仰各有威儀耳。」棣棣：雍容嫻雅的樣子。**不可選也。** 選（xùn）：聞一多《類鈔》：「選，巽。屈撓退讓也。」屈撓，或作「屈橈（náo）」，屈服。按：如果以「遇人不淑」理解此詩，「我心匪石，不可轉也。我心匪席，不可卷也」當情誓之辭。後世或受其影響，漢樂府詩《孔雀東南飛》「君當作磐石，妾當作蒲葦，蒲葦紉如絲，磐石無轉移……」

憂心悄悄， 悄悄：字從心，憂愁貌。《毛傳》：「悄悄，憂貌。」《說文》：「悄，憂也。……《詩》曰：『憂心悄悄。』」**慍于群小。** 慍：怨。群小：《鄭箋》：「眾小人在君側者。」又朱熹《集傳》：「群小、眾妾也。言見怒於眾妾也。」按：以「群小」為「眾妾」有嫌牽強，或意指周圍相關形色之人。**覯閔既多，** 覯：同「遘（gòu）」。《孔疏》：「言『覯』，自彼加我之辭；言『受』，從己受彼之稱耳。」王先謙《集疏》：「《齊》、《魯》覯作遘。《魯》說曰：『遘，遇也。』」參《召南·草蟲》注。閔：亦作「愍（mǐn）」，痛。指中傷陷害之事。**受侮不少。靜言思之，寤辟有摽。** 寤：覺醒，明白。辟、摽：《毛傳》：「辟，拊（fǔ）心也，摽，拊心貌。」《孔疏》：「言仁人憂心悄悄然，而怨此群小人在於君側者也。又小人見困病於我既多，又我受小人侵侮不少，

故怨之也。既不勝小人多侵害，故我於夜中安靜而思念之，則寤覺之中，拊心而摽然，言怨此小人之極也。」拊，擊，拍。《虞書・益稷》有「予擊石拊石」句，曹植《棄婦詩》有「有鳥飛來集，拊翼以悲鳴」句。摽音見《召南・摽有梅》注。有摽，即摽摽。

日居月諸，居、諸：皆語助詞。**胡迭而微？**胡：何。迭：更迭。微：隱微無光。**心之憂矣，如匪澣衣。**匪：非。《毛傳》：「心之憂矣，如衣之不澣矣。」**靜言思之，不能奮飛。**奮飛：《毛傳》：「不能如鳥奮翼而飛去。」

〔1〕朱熹《詩集傳》：「婦人不得於其夫，故以柏舟自比。言以柏為舟，堅致牢實，而不以乘載，無所依薄，但泛然於水中而已。故其隱憂之深如此，非為無酒可以遨遊而解之也。」春秋時生活中的婦人是否會「飲酒遨遊」不得而知，但其符合詩歌邏輯。

〔2〕王先謙《詩三家義集疏》引《易林・屯之乾》：「汎汎柏舟，流行不休。耿耿寤寐，心懷大憂。仁不逢時，復隱窮居。」王疑「復」為「伏」之誤。《易林》之文更像是於《毛序》的四言讀。

邶風・綠衣

「重過閶（chāng）門萬事非，同來何事不同歸？梧桐半死清霜後，頭白鴛鴦失伴飛。原上草，露初晞，舊棲新壟兩依依。空床臥聽南窗雨，誰復挑燈夜補衣？。」這是北宋賀鑄《半死桐》。更西晉潘岳、南朝沈約《悼亡詩》，唐元稹《遣悲懷三首》，李商隱《悼傷後赴東蜀辟至散關遇雪》，北宋蘇軾《江城子・乙卯正月二十日夜記夢》，梅堯臣《悼亡》以及清人納蘭性德《沁園春》「最苦啼鵑，頻催別鵠，贏得更闌哭一場……」當他們向亡妻傾訴無盡的思念和哀傷時，可知比他們早一千幾百年前的一首佚名悼亡詩，竟如此哀婉淒絕？

綠兮衣兮，綠衣黃裏。心之憂矣，曷維其已。憂：思。曷：何。維：助詞。已：止。《毛傳》：「憂雖欲自止，何時能止也！」

綠兮衣兮，綠衣黃裳。裳（cháng）：指下衣，裙的一種，男女皆著。《毛傳》：「上曰衣，下曰裳。」**心之憂矣，曷維其亡。**亡：通「忘」。

綠兮絲兮，女所治兮。女：汝。治：此處指織製染。《鄭箋》：「先染絲，後製衣，皆女之所治為也。」朱熹《集傳》：「治，謂理而織之也。」**我思古人，**古人：古，通「故」，古人即「故人」。**俾無訧兮。**俾（bǐ）：使。訧（yóu）：過，過失，錯誤。《毛傳》：「訧，過也。」陸德明《釋文》：「訧，音尤。本或作尤，過也。」

絺兮綌兮，絺：細葛布。綌：粗葛布。《論語‧鄉黨》：「當暑，袗（zhěn）絺、綌。」袗，單衣，此用為動詞。何晏集解引孔安國：「暑則單服。絺、綌，葛也。」參《周南‧葛覃》注。**淒其以風。**淒：涼爽。其：語詞。以：疑為「似」之通假。「淒其以風」即「爽其似風（吹）」。**我思古人，實獲我心。**獲：獲者，「攖」也、「取」也；攖者、取者，思也、念也、痛也。

邶風‧燕燕

《毛序》：「《燕燕》，衛莊姜送歸妾也。」[1]鄭玄箋：「莊姜無子，陳女戴媯生子名完，莊姜以為己子。莊公薨，完立，而州吁（yù）殺之。[2]戴媯於是大歸，莊姜遠送于野，作詩見己志。」毛、鄭說與《史記》不盡相符，[3]但「歷史」敘寫的出入並不影響莊姜作為其文學形象的存在——在未能找到新的依據之前（何其難），《燕燕》於衛莊姜在在文學的意義上是貼切的。這位「手如柔荑（tí），膚如凝脂，領如蝤蠐（qiúqí），齒如瓠（hú）犀。螓（qín）首蛾眉，巧笑倩兮，美目盼兮」（《衛風‧碩人》）的女子，在經歷了世事滄桑和人生的大痛苦之後，依然釋放出人性的美麗光輝。

《許彥周詩話》：「『瞻望弗及，佇立以泣』，送別情景，二語盡之，是真可以泣鬼神矣。」王士禎《帶經堂詩話》：「《燕燕》之詩，許彥周以為可泣鬼神。合本事觀之，家國興亡之感，傷逝懷舊之情，盡在阿堵中。《黍離》、《麥秀》，[4]未足喻其悲也，宜為萬古送別詩之祖。」許氏、王氏已將話說盡。

燕燕于飛，_{燕燕：牟庭《詩切》：「燕燕，謂雙燕也。」于：往。或曰}語助詞，於動詞前強調語氣。參《周南·葛覃》注。**差池其羽。**_{差（cī）}池：同「參差」，狀其燕羽。馬瑞辰《通釋》：「差池二字疊韻，義與參差同，皆不齊之貌。」**之子于歸，遠送于野。**_{于：往。「遠送于野」因「于」}而有漸行漸遠之意境。**瞻望弗及，泣涕如雨。**_{《古詩十九首》有「終日}不成章，泣涕零如雨」句。

燕燕于飛，頡之頏之，_{頡（xié）、頏（háng）：《毛傳》：「飛而上曰}頡，飛而下曰頏。」後世因以「頡頏」喻夫妻。司馬相如《鳳求凰》有「何由交接為鴛鴦，胡頡頏兮共翱翔」句。**之子于歸，遠于將之。**_{將：送。}參《召南·鵲巢》注。**瞻望弗及，佇立以泣。**

燕燕于飛，下上其音。之子于歸，遠送于南。_{南：或指方位，}或泛指其遠。今從聞一多「林」之說，即「野」之外。《新義》：「南、林古聲近義通……郊外曰野，野外曰林。」見《周南·兔罝》注引《爾雅·釋地》。**瞻望弗及，實勞我心。**

仲氏任只，_{《毛傳》：「仲，戴媯字也。」《孔疏》：「莊妻既送戴媯，而}思其德行及其言語，乃稱其字，言仲氏有大德行也，其心誠實而深遠也。又終當顏色溫和，且能恭順，善自謹慎其身。內外之德既如此，又於將歸之時，思先君之故，勸勉寡人以禮義也。」任：篤誠有信。《鄭箋》：「任者，以恩相親信也。《周禮》『六行：孝、友、睦、姻、任、恤』。」見《地官·大司徒》。只：語助詞。參《周南·樛木》注。**其心塞淵。**_{塞（sè）：「寒（sè）」之借。}《毛傳》：「塞，實也。」誠實。《孔疏》：「其心誠實而深遠也。」淵：深遠。《毛傳》：「淵，深也。」**終溫且惠，**_{終：既。陳奐《傳疏》：「終猶既也。」}惠：《毛傳》：「順也。」**淑慎其身。先君之思，以勖寡人。**_{勖（xù）：}勉勵。《毛傳》：「勖，勉也。」《鄭箋》：「戴媯思先君莊公之故，故將歸猶勸勉寡人以禮義。」寡人：國君自稱，國君夫人也自稱寡人。《鄭箋》：「寡人，莊姜自謂也。」

〔1〕《左傳‧隱公三年》：「衛莊公娶於齊東宮得臣之妹，曰莊姜。美而無子，衛人所為賦《碩人》也。又娶於陳，曰厲媯，生孝伯，早死。其娣戴媯生桓公，莊姜以為己子。」衛莊公，衛國第十二任國君，前757年～前735年在位。得臣，齊太子名，與莊姜同母，齊莊公嫡長子。太子居東宮，故稱太子為東宮。媯，陳國為媯姓。娣，女弟，妹。

〔2〕州吁為衛莊公與其嬖妾所生子，受莊公溺愛而驕橫放縱。《隱公三年》：「公子州吁，嬖人之子也，有寵而好兵。公弗禁，莊姜惡（wù）之。」《左傳》撰有「石碏（què）諫寵州吁」之臺詞。石碏，衛國大夫。

〔3〕《衛康叔世家》：「莊公五年（前753年），取齊女為夫人，好而無子。又取陳女為夫人，生子，蚤（早）死。陳女女弟亦幸於莊公，而生子完。完母死，莊公令夫人齊女子之，立為太子。莊公有寵妾，生子州吁。十八年（前740年），州吁長，好兵，莊公使將。石碏諫莊公曰：『庶子好兵，使將，亂自此起。』不聽。二十三年（前735年），莊公卒，太子完立，是為桓公。桓公二年（前733年），弟州吁驕奢，桓公絀之，州吁出奔。十三年（前722年），鄭伯弟段攻其兄，不勝，亡，而州吁求與之友。十六年（前719年），州吁收聚衛亡人以襲殺桓公，州吁自立為衛君。」又見《左傳‧隱公四年》。

〔4〕見《王風‧黍離》；《宋微子世家》：「箕子朝周，過故殷虛，感宮室毀壞，生禾黍，箕子傷之，欲哭則不可，欲泣為其近婦人，乃作《麥秀》之詩以歌詠之。……所謂狡童者，紂也。殷民聞之，皆為流涕。」箕子為紂王叔父，「殷末三仁」（《論語‧微子》）之一。但「文學」不是歷史。

邶風‧日月

似乎也曾是要講男女平等的，《易‧咸》「咸，亨，利貞，取（娶）女吉」，《彖》曰：「咸，感也；柔上而剛下，二氣感應以相與，止（引按：穩重而自制）而說（悅），男下女，是以『亨，利貞，取女吉』也。」天地交感帶來萬物化育生長，陰柔往上而陽剛來下，二氣互應兩相親和，男子當以禮下求女子，如《荀子‧大略》所言「以高下下，以男下女」──王先謙解「陽唱陰和，然後相成也」，天地世道才成了體統。

　　然而實際的情形卻不是這樣。當人們認為《毛序》和朱熹之說沒有確切依據時，[1] 或以為《日月》是一首女子控訴見棄之詩；靜觀之，《日月》又極像是一首既成事實的擇偶無良的憂傷歌謠。愛情的困惑訴諸上天之日月——生命深處的孤獨無以名狀。

　　日居月諸，居、諸：皆語助詞，加強語氣。朱熹《集傳》：「日居月諸，呼而訴之也。」參《邶風·柏舟》注。**照臨下土。乃如之人兮，**乃：句首助詞，有慨歎之意。朱熹《集傳》：「今乃有如是之人，而不以古道相處。」之：指代詞，這。**逝不古處。**逝：語助詞，有惜歎之意。古：通「故」，原來的。處：相處。古處，即以往日的（情分）相處。**胡能有定，寧不我顧？**寧：何。朱熹《集傳》：「胡、寧皆何也。」我顧：顧我。朱熹《集傳》：「見棄如此，而猶有望之之意焉。」

　　日居月諸，下土是冒。是：指代詞，確指前置賓語。冒：《毛傳》：「冒，覆也。」《鄭箋》：「覆猶照臨也。」**乃如之人兮，逝不相好。胡能有定，寧不我報？**報：答，答理。朱熹《集傳》：「報，答也。」陳奐《傳疏》：「不報即不答也。」

　　日居月諸，出自東方。乃如之人兮，德音無良。德音無良：德音：好的言辭。良：好的，指其行為而言。朱熹《集傳》：「德音，美其辭。無良，醜其實也。」陳奐《傳疏》：「言有德我之聲而實無善我之意。」又姚際恒《通論》：「音字不必泥，猶云其德不良耳。」**胡能有定，俾也可忘？**俾：使。參《邶風·綠衣》注。也：語助詞。可忘：胡承珙《後箋》：「可忘，言何時能定而使我可忘其憂，即《綠衣》『心之憂矣，曷維其亡』之意。」

　　日居月諸，東方自出。父兮母兮，畜我不卒。畜：同「慉（xù）」，愛，喜愛。《孟子·梁惠王下》有「畜君者，好君也」句。或曰畜，養。歐陽修《詩本義》：「畜我不卒者，謂父母不能畜養我終身，而嫁我於衛，使至困窮也。女無不嫁，其曰畜我不卒者，困窮之人尤怨之詞也。」卒：終。**胡能有定，報我不述。**述：訴述。方玉潤《原始》：「不述，言不欲稱述也。」

〔1〕《毛序》:「《日月》,衛莊姜傷己也。遭州吁之難,傷己不見答於先君,以至困窮之詩也。」《詩集傳》:「莊姜不見答於莊公,故呼日月而訴之。言日月之照臨下土久矣,今乃有如是之人,而不以古道相處,是其心志回惑,亦何能有定哉?而何為其獨不我顧也。」

邶風·終風

真如《毛序》和朱熹所言,是美麗端莊的莊姜所要面對的嗎?〔1〕如此之遭遇於那「虺虺」低沉的雷聲中長夜難眠,又是怎樣的一種煎熬?遺憾的是「終風且暴」下的她,依然「悠悠我思」和「願言則懷」。這可能是人性之弱點,更多的則是社會屬性和角色意義上的無奈──無論「軸心時代」還是漢帝國之後,中國的「思想家」們並未關注和試圖改變這種狀況,而是歸納出了「三從四德」。〔2〕

終風且暴,終:既。「終風且暴」即「風暴」之意,言其人之暴戾。「終」「且」是增文足句所需,也表「風暴」之程度。**顧我則笑,謔浪笑敖。**謔:戲謔。浪:放浪。敖:放浪謔笑之狀。《毛傳》:「言戲謔不敬。」朱熹《集傳》:「謔,戲言也。浪,放蕩也。」牟庭《詩切》:「今俗語輕薄之戲謂之謔。」**中心是悼。**悼:傷心。

終風且霾,霾(mái):陰霾。**惠然肯來?**惠:順。參《邶風·燕燕》注。**莫往莫來,悠悠我思。**

終風且曀,曀(yì):陰暗。《說文》:「曀,陰而風也。」《釋名·釋天》:「曀,翳(yì)也,言雲氣掩翳日光使不明也。」**不日有曀。**不日:不到一天,意不長時間。有:又。《孔疏》:「復云曀,則陰雲益甚,天氣彌暗。」**寤言不寐,**寤:醒著。言:助詞。一說言,而。參《召南·草蟲》注。**願言則嚏。**願:從心,思。《鄭箋》:「願,思也。」言:助詞。一說言,之。胡適《詩三百篇言字解》:「言字有時亦作代名詞之『之』字。……如《終風》篇,『寤言不寐,願言則嚏』……上言字宜作而字解,下言字則作之字解,猶言寤而不寐,思之則嚏也。」嚏:疑懥(zhì)之誤。聞一多《類鈔》:「懥,

忿也。」又《鄭箋》：「嚏讀當為不敢嚏咳之嚏。我其憂悼而不能寐，汝思我心如是，我則嚏也。今俗人嚏，云：『人道我。』此古之遺語也。」

曀曀其陰，虺虺其靁。虺虺：低沉而遠的雷聲。朱熹《集傳》：「虺虺，雷將發而未震之聲。」虺音見《周南・卷耳》注。**寤言不寐，願言則懷。**懷：憂傷。陳啟源《毛詩稽古編》（以下通紀《稽古編》）：「蓋言思及此，則傷心也。」一說懷，思念。嚴粲《詩緝》：「願汝思懷我而悔悟也。」

〔1〕《毛序》：「衛莊姜傷己也。遭州吁之暴，見侮慢而不能正也。」《詩集傳》：「莊公之為人狂蕩暴疾，莊姜蓋不忍斥言之，故但以終風且暴為比。」皆以《左傳》故事言。前者認為《終風》為莊姜遭莊公嬖妾之子州吁之欺侮而作，後者認為是莊姜受其夫衛莊公之暴虐而作。

〔2〕見《周南・葛覃》注〔3〕引《儀禮・喪服傳》、注〔2〕引《天官・九嬪》。本前者言喪服禮，後者言宮婦之行，但儒家將其演化為人際主從關係和普遍的婦女之「德」——「貞順」使中國婦女遭遇身心摧殘兩千多年。

邶風・擊鼓

牽動人心深處的同時似乎缺少了某種堅韌與剛力。但春秋人已經有了複雜的戰爭心理學知識，懂得「哀兵必勝」之道。一首創作水準極高的軍歌。那陣亡者的戰馬在樹下聲聲嘶鳴，刺痛著兵士們英勇向前衝殺。而「死生契闊，與子成說」之誓言，又堅定了他們活下去的信念——當初說好要「執子之手，與子偕老」的。〔1〕

擊鼓其鏜，鏜（tāng）：《毛傳》解「鏜」為摹其擊鼓之聲，「鏜然，擊鼓聲也」。又王先謙《集疏》有「用兵時或專擊鼓，或金鼓兼」之說，意「鏜」為一種可擊之「金」，而非鼓聲。**踴躍用兵。土國城漕，**土：動詞，築。國：因征服統治之需而營建衛牆，內者曰城，外者曰郭，郭內區域稱之為國。土國，即土築國之郭。漕：衛國的邑名。土國城漕，即「築國城於漕」。朱熹《集傳》：「國，國中也。言衛國之民，或役土功於國，或築土於漕。」參《召

南・江有汜》注引童書業說。**我獨南行**。姚際恒《通論》：「因陳宋之爭而平之，故曰『平陳與宋』。陳宋在衛之南，故曰『我獨南行』。」〔2〕

從孫子仲， 孫子仲：衛國南征之帥。**平陳與宋。** 平：平伏，調停。句意即援救陳國以調停陳宋兩國的戰爭。姚際恒《通論》：「此乃衛穆公背清丘之盟救陳，為宋所伐，平陳、宋之難，數興軍旅……因陳宋之爭而平之，故曰『平陳與宋』。」《春秋・宣公十二年》「晉人、宋人、衛人、曹人同盟於清丘。宋師伐陳，衛人救陳」，《左傳》：「晉原穀、宋華椒、衛孔達、曹人同盟與清丘，曰：『恤病，討貳。』」（引按：濟助有困難的國家，討伐有二心的國家）……宋為盟故，伐陳。衛人救之。」**不我以歸，**「不以我歸」之倒裝句。**憂心有忡。**

爰居爰處，爰喪其馬？ 爰：疑問代詞。上句爰，何。下句「爰」，何處。《毛傳》：「有不還者，有亡其馬者。」《鄭箋》：「今於何居乎？於何處乎？於何喪其馬乎？」**于以求之？** 于以：在何。參《召南・采蘩》注。**于林之下。**

死生契闊， 契：合。闊：疏，離。馬瑞辰《通釋》：「契當讀如契合之契，闊讀如疏闊之闊…契闊與死生相對成文，猶云合離聚散耳。」**與子成說。** 成說（yuè）：說，悅。成悅，愛悅相成。《鄭箋》：「我與子成相悅愛之恩。」**執子之手，與子偕老。**

于嗟闊兮， 于：通「籲」。**不我活兮。** 不我活：《毛傳》：「不與我生活也。」呂祖謙《呂氏家塾讀詩記》（以下通紀《讀詩記》）：「言始欲死生勤勞共者，今乃不得相依以生。」又馬瑞辰《通釋》：「活當讀為『曷其有佸（huó）』之佸，《毛傳》：『佸，會也。』佸為會至之會，又為聚會之會，承上『闊兮』為言，故云不我會耳。」「曷其有佸」為《王風・君子于役》句。從「不我活兮」上、下句之意看，馬氏所說較為恰當。**于嗟洵兮，** 洵（xún）：遠去。《毛傳》：「洵，遠。」**不我信兮！** 信：守約。嚴粲《詩緝》：「『不我信兮』者，不得伸其偕老之志。」

　　〔1〕此借西蒙諾夫《等著我吧》（蘇杭譯）復原春秋人在頻繁而殘酷的戰爭環境下所體現出的強烈的生命意識：

　　　　等著我吧——我會回來的。
　　　　只是你要苦苦地等待，
　　　　等到那愁煞人的陰雨
　　　　勾起你的憂傷滿懷，
　　　　等到那大雪紛飛，
　　　　等到那酷暑難捱，
　　　　等到別人不再把親人盼望，
　　　　往昔的一切，一古腦兒拋開。
　　　　等到那遙遠的他鄉
　　　　不再有家書的傳來，
　　　　等到一起等待的人
　　　　心灰意懶——都已倦怠。

　　　　等著我吧——我會回來的。
　　　　不要祝福那些人平安：
　　　　他們口口聲聲地說——
　　　　算了吧，等下去也是枉然！
　　　　縱然愛子和慈母也認為——
　　　　我已不在人間，
　　　　縱然朋友們覺得厭倦，
　　　　在爐火旁圍坐，
　　　　啜飲苦酒，把亡魂追薦……
　　　　你可要千萬等下去啊！千萬
　　　　不要同他們一起，
　　　　忙著舉起酒盞。

　　　　等著我吧——我會回來的，
　　　　死神一次次被我挫敗！
　　　　就讓那不曾等待我的人
　　　　說我僥幸——感到意外！

那沒有等下去的人不會理解──

虧了你的苦苦等待，

在炮火連天的戰場上，

從死神手中，是你把我拯救出來。

我是怎樣死裏逃生的，

只有你和我倆個人明白──

只因為你同別人不一樣，

你善於苦苦地等待。

〔2〕《毛序》：「《擊鼓》，怨州吁也。衛州吁用兵暴亂，使公孫文仲將而平陳與宋，國人怨其勇而無禮也。」鄭玄以《左傳·隱公四年》州吁弒君自立後衛國聯合宋、陳、蔡攻打鄭國之事箋注。姚際恒在《詩經通論》中不以為然：

「按此事與經不合者六。當時以伐鄭為主，經何以不言鄭而言陳、宋？一也。又衛本要宋伐鄭，而陳、蔡亦以睦衛而助之，何為以陳、宋並言，主客無分？二也。且何以但言陳而遺蔡？三也。未有同陳、宋伐鄭而謂之『平陳與宋』者。平者，因其亂而平之，即伐也。若是乃伐陳、宋矣。四也。隱四年夏，衛伐鄭，《左傳》云，『圍其東門，五日而還』，可謂至速矣。經何以云『不我以歸』？及為此『居、處、喪馬』之辭，與『死生莫保』之歎乎？絕不相類，五也。閔二年，衛懿公為狄所滅，宋立戴公以廬於曹（漕）。其後僖十二年《左傳》曰『諸侯城衛楚丘之郛』。《定之方中》詩，文公始徙楚丘，『升廬望楚』。毛、鄭謂升漕墟，望楚丘。楚丘與漕不遠，皆在河南。夫《左傳》曰『廬』者，野處也，其非城明矣。州吁之時不獨漕未城，即楚丘亦未城，安得有『城漕』之語乎？六也。鄭氏屈經以就己說，種種不合如此，而千餘年以來，人亦必知其不合，直是無可奈何，只得且依他說耳。」作為文學的詩歌，事指哪一場戰爭已並不重要。

邶風·凱風

那部不知究竟何人所作（紀曉嵐謂「七十子之徒之遺言」）共一千七百九十九字的書──《孝經》，「十三經」之一，所以納入國家意識形態並極力推崇之，〔1〕蓋以「孝」移「忠」，以「孝」勸「忠」以鞏固皇權政治。春秋時代一首深情歌贊人類偉大母性的詩歌，從毛、鄭到孔穎達、朱熹，歷漢、唐、宋千餘年曲意言孝。宣揚「忠君」倒也罷了，但他們不惜侮辱母親、泯滅人

性。〔2〕「經學」，自兩漢至明清，中國思想史所最不能迴避者──以其導向，帝制之下人的社會道德、道義和心理構建，又將是怎樣的一種情形呢？

凱風自南，凱風：南風。《爾雅・釋天》：「南風謂之凱風。」**吹彼棘心。**棘心：酸棗樹初發芯芽。首二句為興句，人子以棘木之芯喻己之稚弱，以凱風喻母氏之鞠育；棘木成長之不易，言母氏鞠育之勞苦。《鄭箋》：「以凱風喻寬仁之母，棘猶七子也。」**棘心夭夭，**夭夭：葉初發貌。《鄭箋》：「夭夭喻七子少長，母養之病苦也。」**母氏劬勞。**劬勞：劬，從句（形）從力，劬勞即勞苦。

凱風自南，吹彼棘薪。棘薪：薪本柴，承上由「心」及「薪」，言棘樹長起來了。《孔疏》：「上章言棘心夭夭，是棘之初生，風長之也。此不言長之狀，而言棘薪，則棘長已成薪矣。」**母氏聖善，**聖善：明理通達而善良。嚴粲《詩緝》「聖者明達之稱，善者賢淑之稱。」黃焯《平議》：「『聖善』二字平列，即明智慈祥之謂，句法與『母氏劬勞』、『母氏勞苦』正同。」**我無令人。**令：善。

爰有寒泉，爰：發語詞。寒泉：泉水。泉水清涼，故曰寒泉。一說在衛國浚邑的泉水名。王應麟《詩考》：「《水經注》：『濮水枝津東徑浚城南，而北去濮陽三十五里，城南有寒泉岡，即《詩》『爰有寒泉，在浚之下。』」**在浚之下。**浚：《毛傳》：「浚，衛邑也。」《孔疏》：「寒泉有益於浚，浸潤浚民，使得逸樂，以興七子無益於母，不能事母，使母勞苦，乃寒泉之不如。」**有子七人，母氏勞苦。**

睍睆黃鳥，睍睆（xiànhuǎn）：言黃鳥顏色美麗。《毛傳》：「睍睆，好貌。」《鄭箋》：「睍睆以興顏色說（悅）也。」**載好其音。**好其音：《鄭箋》：「『好其音』者，興其辭令順也，以言七子不能如也。」朱熹《集傳》：「言黃鳥猶能好其音以悅人，而我七子，獨不能慰悅母心哉。」**有子七人，莫慰母心。**

〔1〕以《四庫全書總目提要孝經類》「略錄數家」所列，其解讀本已近三十種，錄茲以現「學習孝經」蔚然之大觀：《古文孝經孔氏傳》（附《宋本古文孝經》）、《孝經正義》（三卷）、《古文孝經指解》、《孝經刊誤》、《孝經大義》、《孝經定本》、《孝經述注》、《孝經集傳》（四卷）、《御注孝經》、《御纂孝經集注》、《孝經問》，十一部，十七卷，文淵閣著錄。

又存目者：《孝經句解》、《孝經正誤》、《孝經宗旨》、《孝經疑問》、《孝經集講》、《孝經注義》、《孝經集解》（江蘇巡撫採進本）、《讀孝經》（四卷）、《孝經類解》（十八卷）、《孝經正文》、《孝經詳說》（二卷）、《孝經》（江西巡撫採進本）、《孝經三本管窺》、《孝經集解》（福建巡撫採進本）、《孝經章句》、《孝經通義》、《孝經本義》、《孝經通釋》（十卷），十八部，五十三卷；又「緯書之不若」《孝經集靈》等未列於「孝經類」者數種……

〔2〕《毛序》：「《凱風》，美孝子也。衛之淫風流行，雖有七子之母，猶不能安其室，故美七子能盡其孝道，以慰其母心，而成其志爾。」《鄭箋》：「不安其室，欲去嫁也。成其志者，成言孝子自責之意。」《孔疏》：「作《凱風》詩者，美孝子也。當時衛之淫風流行，雖有七子之母，猶不能安其夫室，而欲去嫁，故美七子能自盡其孝順之道，以安慰其母之心，作此詩而成其孝子自責之志也。此與孝子之美，以惡母之欲嫁，故云『雖有七子之母，猶不能安其室』，則無子者不能安室可知也。此敘其自責之由，經皆自責之辭。將欲自責，先說母之勞苦，故首章二章上二句皆言母氏之養己，以下自責耳。」

朱熹《詩集傳》：「母以淫風流行，不能自守，而諸子自責，但以不能事母，使母勞苦為辭。婉辭幾諫，不顯其親之惡，可謂孝矣。」

……

權以《小序》子夏、毛公合作，又鄭玄、孔穎達、朱熹歷周、秦、漢、唐、宋五朝至少一千六百年同一種聲音。是「經學」的生命力之強還是制度文化之下意識形態的一成不變？《四庫全書總目經部總敘》「自漢京（引按：謂漢京長安及洛陽）以後垂二千年，儒者沿波（承襲過去者），學凡六變……要其歸宿（結局），則不過漢學、宋學兩家互為勝負。夫漢學具有根柢（dǐ），講學者以淺陋輕之，不足服漢儒也。宋學具有精微，讀書者以空疏薄之，亦不足服宋儒也……」

雖有「六變」，卻是「學問」之變，沒有人能夠有根本之質疑。黑暗可畏，但更可怕的是鐵幕之下的思想萎頓，人心的麻木與冷漠。

邶風‧雄雉

非「大夫久役，男女怨曠」，[1] 而是一首緊張政治爭奪後的疲累的懷人之作。春秋時局，波詭雲譎，即便同一「命運共同體」甚至同宗者也常常深陷人際關係的恐懼和苦惱之中——明裏講和、講「禮」甚至講「德」，暗中挖墻、設局；動輒結盟，結盟後的疏離背叛常於一事一役一念間⋯⋯

雄雉于飛，雉（zhì）：野雞。于：往。參《燕燕》注。**泄泄其羽。**泄泄（yì）：狀雄雉舒暢展翼貌。《毛傳》：「雄雉見雌雉，飛而鼓其翼泄泄然。」又朱熹《集傳》：「泄泄，飛之緩也。」**我之懷矣，自詒伊阻。**詒（yí）：《毛傳》：「遺。」自詒，「自取」「自找」。伊：指代詞，此。《鄭箋》：「『伊』當作『繄（yī）』，『繄』猶是也。」阻：憂患、煩惱。《玉篇》：「阻，憂也。」

雄雉于飛，下上其音。展矣君子，展：誠。朱熹《集傳》：「言誠又言實，所以甚言此君子之勞我心也。」**實勞我心。**

瞻彼日月，悠悠我思。道之云遠，云：語助詞，有歎「遠」之意。**曷云能來？**

百爾君子，百：泛指。朱熹《集傳》：「百，猶凡也。」君子：嚴粲《詩緝》：「不欲斥國君而呼其夫之同僚告之。」**不知德行。不忮不求，**忮（zhì）：從心，嫉妒害人。《毛傳》：「忮，害。」《論語‧子罕》引詩馬融注：「忮，害也。臧，善也。不疾害，不貪求，何用不為善。」求：貪。嚴粲《詩緝》引朱氏曰：「（春秋）戰國之時，諸侯無義戰，報復私怨，所謂忮也；貪人土地，所謂求也。」**何用不臧？**用：介詞，為。何用，為何。臧（zāng）：善。

[1]《毛序》：「《雄雉》，刺衛宣公也。淫亂不恤國事，軍旅數起，大夫久役，男女曠怨，國人患之而作是詩。」但詩中看不出有刺衛宣公之處。

邶風·匏有苦葉

歷史的陰霾之下依然有愛情的鮮活和亮麗。秋水瀰（mí）滿，旭日彤紅。雊雁雝雝和鳴中，女子徘徊在河岸邊等待她「歸妻」的士子——自然是歌謠之情景，但生活畢竟還有讓人興奮和嚮往的時候。

匏有苦葉，匏（páo）：即匏瓜。苦：通「枯」。王先謙《集疏》：「《齊》讀苦為枯，枯、苦字通。」聞一多《類鈔》：「葉子枯了，葫蘆也幹了，可以摘來作腰舟用了。」**濟有深涉。**濟：渡口。《毛傳》：「濟，渡也。」《鄭箋》：「匏葉苦而渡處深，謂八月之時，陰陽交會，始可以為昏禮，納采、問名。」一說濟，水名，指濟水。涉：涉水。朱熹《集傳》：「行渡水曰涉。」陳奐《傳疏》：「水至膝以上則必濡（rú）褌而過，是為之涉。」**深則厲**，厲：連衣涉水。《毛傳》：「以衣涉水為厲，謂由帶以上也。」**淺則揭。**揭：揭起下衣渡水。《毛傳》：「揭，褰（qiān）衣也。」陳奐《傳疏》：「水在膝以下可褰裳而過，謂之揭。」

有瀰濟盈，瀰：水滿貌。有瀰，即瀰瀰。**有鷕雉鳴。**有鷕（yǎo）：即「鷕鷕」，摹雌雉鳴叫聲。**濟盈不濡軌**，濡：浸濕。《毛傳》：「濡，漬也。」《鄭箋》：「渡深水者必濡其軌。」軌，車軸的兩頭。**雉鳴求其牡。**

雝雝鳴雁，雝雝：摹大雁鳴聲。雝音見《召南·何彼襛矣》注。**旭日始旦。**旦：早晨。**士如歸妻**，士：《荀子·非相》楊倞（jiàng）注：「士者，未娶妻之稱。」參《召南·野有死麕》注引孔廣森《經學卮言》說。歸妻：娶妻。「歸」本嫁之義。這裡的「歸妻」是「使歸而成妻」之義。王先謙《集疏》：「婦人嫁曰『歸』，自士言之，則娶妻是『來歸』其妻，故曰『歸妻』。謂親迎也。」參《召南·鵲巢》注。**迨冰未泮。**迨：及。泮（pàn）：融化。《毛傳》：「泮，散也。」《荀子·大略》「霜降逆（迎）女，冰泮殺止」。董仲舒《春秋繁露·循天之道》「天之道，向秋冬而陰來，向春夏而陰去。是故古人之霜降而迎女，冰泮而殺止」。殺，止。《孔子家語》「霜降而婦功成，嫁娶者行焉，冰泮而農業起，昏（婚）禮殺（止）於此」。姚際恒《通論》：「古人行嫁娶必於秋冬農隙之際，故云『迨冰未泮。』」

招招舟子，招招：招招疊連，意擺手相招。舟子：擺渡者。朱熹《集傳》：「招招，號召之貌。舟子，舟人主濟渡者。」**人涉卬否。**卬（áng）：《毛傳》：「我也。」馬瑞辰《通釋》：「卬者，姎（yāng）之假借。」《說文》「姎，女人自稱，我也」，段玉裁注：「姎我連文，如吳人自稱阿儂耳。」**人涉卬否，卬須我友。**須：待。《毛傳》：「人皆涉，我友未至，我獨待之而不涉。」

邶風・谷風

對偶婚制時是否也有女子以男子的「痛苦和受壓抑」而實現自己的「幸福和發展」不得而知，但至一夫一妻制時女子見棄卻是一種常見現象。〔1〕男、女僅僅因為生物力量上的差異，男性獲得了統治地位──女性作為生命繁衍生息的主要承擔者，在產生「階級」以後的社會裏被男性以種種理由和藉口欺凌，某些歷史時段到了令人髮指的地步──無論野蠻時代還是有文字發明和使用的「文明時代」。（摩爾根《古代社會》）

西周、春秋已是中國「青銅時代」之繁盛時期，宗族社會及改變中的宗族社會形態下，婦女問題或有引發關注。《谷風》一類的「棄婦詩」當出自一定層面的男性之手，他們的創作動機或很複雜，但至少某種人性的省思和良知己隱含其中。

習習谷風，谷風：山谷之風。《爾雅・釋天》：「東風謂之谷風。」**以陰以雨。**以：連詞，連接並列的「陰」、「雨」。**黽勉同心，**黽（mǐn）勉：勤勉，勉力。**不宜有怒。采葑采菲，**葑（fēng）：即蕪菁，也稱蔓菁，大頭菜類的蔬菜。菲：蕪菁類蔬菜。**無以下體？**以：用。下體：指其塊根。王夫之《稗疏》：「此二菜初則食葉，後乃食根。當食根時，葉粗老而不堪食，則是根可食而苗為人棄。『無以下體』者，不可以莖葉之惡而不採其根也。」**德音莫違，**德音：指其諾約之語。《鄭箋》：「夫婦之言無相違者，則可與女（汝）長相與處至死。」陳啟源《稽古編》：「『德者無良』、『德音莫違』，此二『德音』謂夫婦間晤語之言也。『德音』屢見《詩》，或指名譽，或指號令，或指語言，各有攸當。」參《日月》注。**及爾同死。**

　　行道遲遲，遲遲：指路途遙遠。**中心有違。**中心：心中。違：違背，相違。**不遠伊邇，**伊：句中助詞，是。邇：近。句意即不遠送而唯近爾。《鄭箋》：「邇，近也。言君子與己訣別，不能遠，維近耳。送我裁於門內，無恩之甚。」何楷《詩經世本古義》（以下通紀《古義》）：「此非真謂其夫之送之，言我既行矣，汝與我訣別，即不敢望其遠，獨不可近相送，而一至於畿乎？奈何其不一顧也。《白虎通》云：『出婦之義，必送之，接以賓客之禮。君子絕，愈於小人之交。』詩云：『薄送我畿』，正謂此也。」**薄送我畿。**薄：語助詞。含勉為其難之意。王夫之《稗疏》：「『薄送我畿』者，心不欲送而勉送也。」參見《周南·葛覃》、《芣苢》、《邶風·柏舟》注。畿：門檻、門限。《毛傳》：「畿，門內也。」**誰謂荼苦？**荼：苦菜。**其甘如薺。宴爾新昏，**宴：安。昏：同「婚」。**如兄如弟。**

　　涇以渭濁，涇、渭：即涇河、渭河。《毛傳》：「涇渭相入而清濁異。」**湜湜其沚。**湜湜（shí）：水清貌。《說文》：「湜，水清見底也。……《詩》曰：『湜湜其止（沚）。』」沚：從水從止，即水底。沚音見《召南·采蘩》注。馬瑞辰《通釋》：「《說文》又曰：『止，下基也。』湜湜即狀水止之貌，故以為水清見底。」**宴爾新昏，不我屑以。**不我屑以：即不屑以我。不屑：即不肯，不願。以，與。馬瑞辰《通釋》：「不我屑以，謂不我肯與。」**毋逝我梁，**逝：往。《毛傳》：「逝，之也。」陳奐《傳疏》：「《爾雅》：『之、逝，往也。』三義相近而微有別。逝，往也，往猶去也。逝，之也，之猶至也。」梁：魚壩。《毛傳》：「梁，魚梁也。」朱熹《集傳》：「梁，堰石障水而空其中，以通魚之往來者也。」嚴粲《詩緝》：「蓋為堰以障水，空中央，承之以笱。」**毋發我笱。**發：借為「拔」。笱：從竹，捕魚的竹簍。朱熹《集傳》：「笱，以竹為器，而承梁之空以取魚者也。」**我躬不閱，**躬：自身。《鄭箋》：「躬，身。」閱：容許。《毛傳》：「閱，容也。」**遑恤我後。**遑：暇。《鄭箋》：「我身尚不能自容，何暇憂我後所生子孫也。」恤：體恤，顧及。

　　就其深矣，方之舟之。方：木排、竹筏。方、舟，均作動詞用。**就其淺矣，泳之游之。何有何亡，**亡：無。**黽勉求之。凡民有**

喪，民：指周圍的人。喪：災難。**匐匍救之。**匐匍：本意手足著地而行，引為盡力之意。

　　不我能慉，慉：通「畜」。楊樹達《積微居小學述林》（以下通紀《述林》）：「竊疑慉當讀為畜，好也。……《詩》文言：不能好我，反以我為讎也。《邶風・北風》云：『惠而好我。』此詩人言好我之例也。《呂氏春秋・適威篇》云：『民，善之則畜也，不善則仇也。』高誘注云：『畜，好也。』《詩》以畜與仇為對文。」《孔疏》：「『不我能慉，』當倒之云『不能慉我』。」慉音見《日月》注。**反以我為讎。既阻我德，**阻：阻止，拒絕。朱熹《集傳》：「阻，卻。……惟其心既拒卻我之善，故雖勤勞如此而不見取，如賈之不見售也。」**賈用不售。**賈（gǔ）：賣。用：助詞。售：賣出去。余冠英《詩經選》：「言我的善意盡被拒而不納，好像商販賣貨而不能銷售。」**昔育恐育鞫，**育：生計，生活。鞫（jū）：貧困，貧窮。朱熹《集傳》引張子曰：「育恐，謂生於恐懼之中。育鞫，謂生於困窮之際。」「張子」當指北宋張載，有《詩說》。**及爾顛覆。**顛覆：指窮困潦倒之深。**既生既育，比予于毒。**《鄭箋》：「其視我如毒螫（shì）。」

　　我有旨蓄，旨：味美。《毛傳》：「旨，美。」蓄：儲存的蔬菜。王夫之《稗疏》：「北方冬無蔬茹，故劙（引按：劙音tuán，割、截斷）瓟宛轉為條，若古之脯修，冬則漬煮食之。旨，甘也。瓟有甘苦二種，甘者中食，苦者不中食。旨蓄者，甘瓟之蓄也。」**亦以御冬。宴爾新昏，以我御窮。**御窮：抵禦窮苦。《鄭箋》：「君子亦但以我御窮苦之時，至於富貴，則棄我如旨蓄。」朱熹《集傳》：「今君子安於新昏而厭棄我，是但使我御其窮苦之時，至於安樂則棄之也。」**有洸有潰，**有洸（guāng）有潰：意其怒激暴戾。《毛傳》：「洸洸，武也。潰潰，怒也。」余冠英《詩經選》：「有洸（音光）相當於洸洸，有潰相當於潰潰，是水激怒潰決之貌，用來形容暴戾剛狠的樣子。」**既詒我肄。**既：旋即。詒：遺，留給。參《雄雉》注。肄（yì）：《毛傳》：「勞也。」辛勞之事。《鄭箋》：「君子洸洸然，潰潰然，無溫潤之色，而盡遺我勞苦之事，欲窮困我。」朱熹《集傳》：「又言於我極其武怒，而盡遺我勤勞

之事。」**不念昔者，伊余來墍**。伊：語助詞。墍：塗泥，塗飾。王夫之《稗疏》：「此詩始終自道其中饋之勤敏，而不屑及床笫之燕息，……『黽勉』、『御窮』，豈在居息之情哉！墍，塗也，沾濕土以仰塗也。……此言支撐塗飾以成家，即前所謂就深就淺，飾亡（無）為有之意。」《後漢書·西域傳》（大秦國）「列置郵亭，皆堊（引按：堊音 è，白土）墍之」，李賢注：「墍，飾也。」《新唐書·西域傳下》（拂菻〔lǐn〕）「無陶瓦，屑白石墍屋，堅潤如玉」。拂菻，即「大秦」（指古羅馬）。又馬瑞辰《通釋》：「愛正字作惪。《說文》：『惪，惠也。㤅，古文。』是㤅即古文愛字。此詩『墍』疑即㤅之假借。『伊予來墍』猶言維予是愛也，仍承『昔者』言之。」墍音見《召南·摽有梅》注。

　　〔1〕恩格斯《家庭、私有制和國家的起源》：「一夫一妻制不以自然條件為基礎，而以經濟條件為基礎，即以私有制對原始的自然成長的公有制的勝利為基礎的第一個家庭形式。丈夫在家庭中居於統治地位，以及生育只是他自己的並且應繼承他的財產的子女。」

　　「在歷史上出現的最初的階級對立，是同個體婚制下夫妻間的對抗的發展同時發生的，而最初的階級壓迫是同男性對女性的奴役同時發生的。」

邶風·式微

　　一種無以逆轉的境遇——心事以「詩」之暗語的形式詭密傳遞，積鬱、憤怨深隱其中；春秋「革命」進行時，幾多「中露」「泥中」人！方玉潤《詩經原始》：「語淺意深，中藏無限義理，未許粗心人鹵莽讀過。」

　　式微式微，式：發語詞。微：暗，衰微。朱熹《集傳》：「微，猶衰也，再言之者，言衰之甚也。」又《鄭箋》：「『式微式微』者，微乎微者也。君何不歸乎？」**胡不歸？微君之故**，微：非，無。《毛傳》：「微，無也。」參《邶風·柏舟》注。朱熹《集傳》：「微，猶非也。」故：緣故。**胡為乎中露**？中露：露中，倒文以協韻。

　　式微式微，胡不歸？微君之躬，躬：身。**胡為乎泥中**？

邶風 · 旄丘

《毛序》:「《旄丘》,責衛伯也。狄人迫逐黎侯,黎侯寓於衛。衛不能修方伯連率之職,黎之臣子以責於衛也。」《鄭箋》:「衛康叔之封爵稱侯,今曰伯者,時為州伯也。周之制,使伯佐牧。《春秋傳》曰五侯九伯,侯為牧也。〔1〕」《孔疏》:

「所以責之者,以狄人迫逐黎侯故黎侯,出奔來寄於衛。以衛為州伯,當修連率之職以救於己,故奔之。今衛侯不能修方伯連率之職,不救於己,故黎侯之臣子以此言責衛,而作此詩也。狄者,北夷之號,此不斥其國。宣十五年《左傳》伯宗數赤狄路氏之罪云:『奪黎氏地,三也。』服虔曰:『黎侯之國。』此詩之作,責衛宣公。衛宣公以魯桓二年卒,至魯宣十五年,百有餘歲,即此時,雖為狄所逐,後更復其國,至宣公之世,乃赤狄奪其地耳,與此不同。彼奪地是赤狄,此唯言狄人迫逐,不必是赤狄也。言方伯連率者,《王制》云:『五國以為屬,屬有長。十國以為連,連有帥。三十國以為卒,卒有正。二百一十國以為州,州有伯。』注云:『凡長皆因賢侯為之。殷之州長曰伯,虞夏及周皆曰牧。』又曰:『千里之外設方伯。』《公羊傳》曰上無明天子,下無賢方伯(引按:見《莊公四年》)。方伯皆謂州長,則此方伯亦州長矣。周謂之牧,而云方伯者,以一州之中為長,故云方伯。若牧下二伯,不得云方伯也。連率者,即『十國以為連,連有帥』,是也。」

《序》說演自《左傳·宣公十五年》狄人「奪黎氏地」。魯宣十五年是前 594 年,衛穆公六年。但衛穆公沒有衛宣公上烝夷姜、下報宣姜之「名氣」,而況已是周定王(前 606 年～前 586 年在位)時期——春秋王室衰微,天子的地位一落千丈,〔2〕儒家以構建皇權文化為己任,所以「經學」不願將《詩經》的寫作時間靠後,孔穎達是「奉旨注經」,便認為「責衛伯」應該是「責衛宣公」——費好大一番力氣將烏有之事前移了一百多年。

「叔、伯,字也。呼衛之諸臣,叔與(歟)伯與……」鄭玄附會《序》說而箋之。以「叔」「伯」為兄弟行(先秦「伯父」「叔父」才是父輩),黎人以稱衛臣是不合適的;或以「伯」為「方伯」,〔3〕那麼「叔」呢?《爾雅·釋詁》「叔,少也」,兄稱「伯」則弟稱「叔」——以「雅」詩「諸父」「諸兄」「兄弟」「朋友(同族兄弟)」之稱,《旄丘》「叔兮伯兮」與「流離之子」之間或尚存血緣關係,「一章怪之,二章疑之,三章微諷之,四章直責之」(朱公遷《詩經疏義》)似也可以看出這一點。任憑怎樣呼喚,那「叔」兮「伯」兮或也已是自顧不暇。

旄丘之葛兮，旄（máo）丘：前高後低的土山。《毛傳》：「前高後下曰旄丘。」何誕之節兮？誕：蔓延。《毛傳》：「誕，闊也。」馬瑞辰《通釋》：「誕者，延之假借。……何誕之節，猶云何延其節也。延，長也。闊、長義相近。」節：葛藤的枝節。叔兮伯兮，此無奈而呼，望其來問。何多日也！《毛傳》：「日月以逝而不我憂。」《鄭箋》：「可來而不來，女日數何其多也？」

何其處也？處：止，住。此指接兵不動，不救。朱熹《集傳》：「處，安處也。」必有與也。與：相與（之人或國）。朱熹《集傳》：「與，與國也。」何其久也？必有以也。以：緣故。朱熹《集傳》：「以，他故也。因上章『何多日也』而言，何其安處而不來？意必有與國相俟而俱來耳。又言何其久而不來？意其或有他故而不得來耳。詩人曲盡人情如此。」

狐裘蒙戎，蒙戎：蓬鬆的樣子，狀狐裘之華美。匪車不東。匪：通「彼」。那，陳奐《傳疏》：「匪，彼也。言彼大夫之車不東來也。」叔兮伯兮，靡所與同！靡：無，不。朱熹《集傳》：「不與我同心，雖往告之而不肯來耳。」

瑣兮尾兮，瑣：屑小的意思。尾：末尾，引為卑微之意。流離之子。流離：漂離流亡。方玉潤《原始》：「流離，漂散也。」一說「流離」為鳥名，《陸疏》：「梟也，關西謂之流離，大則食其母。」王夫之《稗疏》：「梟夜則攫，晝則為眾鳥所逐，竄伏茫昧，無所容身，故曰：『瑣尾』，言其卑末伏竄之象。」叔兮伯兮，褎如充耳。褎（yòu）：從衣，盛裝。《毛傳》：「褎，盛服也。」充耳：《鄭箋》：「如見塞耳，無聞知也。」見，被。

〔1〕《左傳・僖公四年》「春，齊侯以諸侯之師侵蔡。蔡潰，遂伐楚。楚子使與師言曰：『君處北海，寡人處南海，唯是風馬牛不相及也，不虞君之涉吾地也何故？』管仲對曰：『昔召康公命我先君大公（杜預注：「召康公，周大保召公奭也。」大公即「齊太公」姜尚），曰：「五侯九伯，女實征之，以夾輔周室！」賜我先君履，東至於海，西至於河，南至於穆陵，北至於無棣……』」注：「五等諸侯（引按：所謂「公、

侯、伯、子、男」），九州之伯，皆得征討其罪。」孔穎達疏：「鄭玄以為周之制，每州以一侯為牧，二伯佐之，九州有九侯十八伯。大公為東西大伯中分天下者，當各統四侯半，一侯不可分，故言五侯，其伯則各有九耳。侯為牧，伯佐之……」

　　〔2〕以《春秋》事為例：《隱公三年》（周平王五十一年，前 720 年）「三月，庚戌，天王崩……秋，武氏子來求賻（fù），《左傳》：「平王崩……求賻，王未葬也。」）。《公羊傳》是怎樣地一番「譏」：「武氏子者何？天子之大夫也。其稱武氏子何？譏。何譏爾？父卒子未命也。何以不稱使？當喪未君也（何休注：「當喪，謂天子也。未君者，未三年也。未可居君位稱使也」）。武氏子來求賻，何以書？譏。何譏爾？喪事無求，求賻非禮也……」

　　《左傳・隱公六年》（周桓王三年，前 717 年）「冬，京師來告饑。公為之請糴（dí）於宋、衛、齊、鄭……」杜預注：「告饑不以王命，故傳言『京師』，而不書於經也。」

　　《左傳・桓公五年》（周桓王十三年，前 707 年）「……鄭師合以攻之，王卒大敗。祝聃射王中肩，王亦能軍（注：「雖軍敗身傷，猶殿而不奔，故言能軍」）。……夜，鄭伯使祭足勞王，且問左右。」

　　《春秋・桓公十五年》（周桓王二十三年，前 697 年）「二月，天王使家父來求車。三月乙未，天王崩」，《左傳》：「非禮也。諸侯不貢車服（注：「車服，上之所以賜下」），天子不私求財（注：「諸侯有常職貢」）。」

　　《春秋・文公九年》（周頃王元年，前 618 年）「春，毛伯來求金」，《左傳》：「毛伯衛來求金……（周襄王）未葬也。」

　　《左傳・宣公三年》（周定王元年，前 606 年）「楚子伐陸渾之戎，遂至於洛，觀兵於周疆……楚子問鼎之大小輕重焉……」

　　〔3〕《春官・大宗伯》鄭玄注引鄭司農：「長諸侯為方伯。」《荀子・王霸》王先謙集解：「為諸侯之長曰伯。」

邶風・簡兮

　　太陽的意象使天空與「方將萬舞」的土場之間的距離拉得十分高遠。在塵埃和人聲的喧雜裏女子的心被「有力如虎」和「左手執籥（yuè），右手秉翟（dí）」的碩人舞動了——「山有榛（zhēn），隰（xí）有苓（líng）」的句式變得十分抒情和柔美，女子沉浸在「彼美人兮」一時的幸福與憧憬之中。

　　但是，末章的後四句詞微意遠，縹渺無端。「西方」的點出說明這是發生在「東方」地域上的場景。「云誰思之」得意之設問和兩次於「西方」的刻意強調，透出二者似乎是征服與被征服之關係——「邶」，曾經的殷商之地，失國已久遠。很難確定詩的作者身份。吳闓生《詩義會通》：「舊評：極傷心事，作極得意語，謔浪笑傲，旁若無人……」

　　簡兮簡兮， 簡（xiàn）：通僩（xiàn），威武貌。俞樾《平議》：「簡當讀為僩。《說文·人部》：『僩，武貌。』字亦作撊（xiàn）。《方言》曰：『撊，猛也』。僩兮僩兮，乃武猛之貌。」或曰「簡、簡」，鼓樂聲。**方將萬舞。** 方將：將要。馬瑞辰《通釋》：「方將二字連文，方，猶云將也。將，且也。」萬舞：大型舞。包括文武與武舞。文舞左手執籥（籥，一種竹製管樂器），右手執翟（翟，野雞羽），也稱籥（龠）舞、羽舞；武舞手執干（盾牌）與戚（一種像斧的兵器）而舞。《毛傳》：「以干、羽為萬舞。」朱熹《集傳》：「萬者，舞之總名，武用干、戚，文用羽、籥也。」馬瑞辰《通釋》：「韓《詩》說云：『萬，大舞也。』《廣雅》：『萬，大也。』萬舞蓋對小舞言，故為大舞，實文武二舞之總名。」**日之方中，** 曰：太陽。中：中央，「日正中天」之中。**在前上處。** 處：指位置。朱熹《集傳》：「『日之方中，在前上處』，言當明顯之處。」

　　碩人俣俣， 碩：指身材高大。俣俣（yǔ）：狀「人」之碩貌，有褒美之意。《毛傳》：「俣俣，容貌大也。」**公庭萬舞。有力如虎，執轡如組。** 轡（pèi）：馬韁繩。執轡，作執轡狀。組：從絲，既經且緯而織。《毛傳》：「組，織組也。」陳奐《傳疏》：「組訓織組，謂如織組之經緯也。」這裡指「在前上處」領舞的「俣俣碩人」作執轡狀穿梭而動，如織組。

　　左手執籥， 籥：樂器。《春官·龠師》「掌教國子舞羽吹龠。祭祀，則鼓羽龠之舞」，鄭玄注：「文舞有持羽吹籥者，所謂籥舞也。」陸德明《釋文》：「籥，以竹為之，長三尺，執之以舞。毛云『六孔』，鄭注《禮》云『三孔』，郭璞同，云『形似笛而小』。《廣雅》云『七孔』。」**右手秉翟。赫如渥赭，** 赫：指「碩人」因勁舞而臉赫紅。《毛傳》：「赫，赤貌。」陳奐《傳疏》：「赫

如，猶赤然也。」渥（wò）：《毛傳》：「厚漬也。」赭（zhě）：赭土，即紅土。**公言錫爵**。公：《風》詩中的「公」多泛言「公卿」者，不一定是實指。文獻之「公卿」見《禮記・王制》、《通典・職官典》，所敘三代職官相當部分無稽。參《周南・兔罝》、《召南・采蘩》注。錫：賜。爵：本為酒器，此指賜之以酒。

　　山有榛，榛：即榛樹。**隰有苓**。隰：低濕之地。《毛傳》：「下濕曰隰。」見《爾雅・釋地》。苓：苓耳，即「卷耳」。《說文》、《爾雅》釋同。參《周南・卷耳》注。余冠英《詩經選》：「凡稱『山有□，隰有□』而以大樹、小草對舉的往往是隱語，以木喻男，以草喻女。」**云誰之思？**云：語助詞。陳奐《傳疏》：「云為語詞，凡全《詩》云字，或在句首，或在句中，或在句末，多用為語詞，無實義。」**西方美人**。西方：此詩為邶「風」，邶在周之東（北），邶、鄘、衛時皆衛之屬地，衛在周之東，故此「西方」疑指周，周人是征服者。然則此詩更意味深長。美人：指萬舞於公庭的偄偄碩人。**彼美人兮，西方之人兮！**

邶風・泉水

　　究竟是許穆夫人還是別的「衛女」所作已並不重要。〔1〕《泉水》流露出的是人性裏挾於政治的無奈——無論「華夏」與四邊蠻夷戎狄，還是周室與諸侯、諸侯與諸侯，「貴族」間的相互通婚往往是一種政治行為。（先秦如此，秦漢之後又何嘗不是呢？）

　　毖彼泉水，毖（bì）：「泌（bì）」之借。《毛傳》：「泉水始出，毖然流也。」馬瑞辰《通釋》：「毖者，泌之假借。《說文》：『泌，俠流也。』……泌亦泉水湧出之貌。」泉水：衛國水名。馬瑞辰《通釋》：「詩意以泉水之得流於淇，興己之欲歸於衛。」**亦流于淇**。淇：衛國水名。衛地原是殷商故地，武王滅商後其都城朝歌仍為後來衛國的國都。衛詩中多有「淇水」：《衛風・淇奧》：「瞻彼淇奧……」《衛風・氓》：「送子涉淇…淇則有岸……」《衛風・竹竿》：「淇水在右……淇水滺滺……」《鄘風・桑中》：「送我乎淇之上矣。」等等。

參《水經注》（卷九）「淇水」。**有懷于衛，靡日不思。**靡日：無日。**孌彼諸姬，**孌（luán）：美麗貌。諸姬：那些姬姓的女子。《毛傳》：「孌，好貌。諸姬，同姓之女。」陳奐《傳疏》：「衛姓姬，衛女嫁諸侯，有姪娣從，故以諸姬為同姓之女。」周時諸侯嫁女以侍女（本國同姓女子）等多人從嫁，稱「姪娣（娣姪）」。顧炎武《日知錄》（卷三）「諸姑伯姊」：「其曰『諸姬』，猶《碩人》之『庶姜』。古之來媵而為姪娣者，必皆同姓之國。則年之長幼，序之昭穆，則不可知也。故有『諸姑』『伯姊』之稱，猶禮之言『伯父』『伯兄』也。」昭穆，本義宗廟或宗廟中神主的排列次序，始祖居中，以下父子遞為昭穆，左為昭，右為穆。《春官·小宗伯》鄭玄注：「自始祖之後，父曰昭，子曰穆。」此指長幼上下次序。媵（yìng），隨嫁。《公羊傳·莊公十九年》「諸侯娶一國，則二國往媵之，以姪娣從」。**聊與之謀。**謀：商議。

出宿于泲，出：指當初遠嫁出行。宿：住宿。泲（jǐ）：衛國地名，從水，當為水邊之地。**飲餞于禰。**餞：餞行。《鄭箋》：「送行飲酒也。」禰（nǐ）：衛國地名。《鄭箋》：「泲、禰者，所嫁國適衛之道所經，故思宿餞。」**女子有行，**行：嫁。馬瑞辰《通釋》：「桓九年《左傳》『凡諸侯之女行』杜注：『行，嫁也。』……女子有行，即謂女子嫁耳。」牟庭《詩切》：「有行，謂嫁也，當與父母兄弟離遠矣。」**遠父母兄弟。問我諸姑，**問：告別。**遂及伯姊。**伯姊：大姊。陳奐《傳疏》：「此衛女思歸而追念及來嫁時而。」

出宿于干，飲餞于言。干、言：均地名，衛國地名。王夫之《稗疏》：「此詩首言泉水流淇，皆衛西之地，而干、言皆在衛東北。蓋此女追憶百泉、淇水故國之景物，而非因所見以起興也。」**載脂載舝，**載：發語詞。王引之《經傳釋詞》（以下通紀《釋詞》）：「載，猶則也。有句中迭用之者，若『載脂載舝（xiá）』是也。」脂：油脂，此處用作動詞。舝：車鍵，作動詞用，指上好車鍵。陳奐《傳疏》：「於軸末以木鍵之，是曰舝。」《毛傳》：「脂舝其車以還我行。」朱熹《集傳》：「脂，以脂膏塗其舝，使滑澤也。舝，車軸也。不駕則脫之，設之而後行也。」**還車言邁。**還（xuán）：通「旋」，掉轉。《鄭箋》：「還車者，嫁時乘車，今思乘以歸。」朱熹《集傳》：「還，迴旋也。旋其

嫁來之車也。」言：而。參《召南·草蟲》注引胡適說。邁：行。《古詩十九首》有「回車駕言邁，悠悠涉長道」句。**遄臻于衛**，遄（chuán）：疾，快。臻：至。**不瑕有害？**瑕：通「遐」，遠。黃焯《平議》：「毛訓『瑕』為遠，於『有害』無釋。惟於《二子乘舟》『不瑕有害』《傳》云：『言二子之不遠害。』以彼證此，《傳》意宜亦為不遠害。『有』為助詞，非為實義，不遠害即不恤人言之意。蓋衛女思歸不得，作詩自見，故為此憤激之詞耳。」一說瑕，通「胡」，何。朱熹《集傳》：「瑕、何古音相近通用。」馬瑞辰《通釋》：「瑕、遐古通用。遐之言胡，胡、無一聲之轉。凡詩言『不瑕有害』，『不瑕有愆（qiān）』；『不瑕』猶云『不無』，疑之之詞也。」「不瑕有愆」為《大雅·抑》句。

我思肥泉，肥泉：衛國水名。王應麟《詩地理考》引《水經注》：「馬溝水，出朝歌城北，又東流與美溝合，又東南注淇水為肥泉。」見《水經注》（卷九）「淇水」，並王國維《水經注校》。**茲之永歎**。茲：通「滋」，益，增加。永歎；長歎。**思須與漕**，須、漕：皆衛國地名。《毛傳》：「須、漕，衛邑也。」《鄭箋》：「須與漕，自衛而來所經邑也。」又程俊英《詩經譯注》：「須是『沬』之訛，即沬，是衛的舊都。漕，亦作曹，在今河南省滑縣東二十里。是衛國被狄人侵略，戴公帶人民渡河遷徙的地方。」見《左傳·閔公二年》。**我心悠悠。駕言出遊，以寫我憂。**寫：通「瀉」，泄。《毛傳》：「寫，除也。」姚際恒《通論》：「寫通瀉，輸泄之意。」

〔1〕《毛序》：「《泉水》，衛女思歸也。嫁於諸侯，父母終，思歸寧而不得，故作是詩以自見也。」朱熹《詩集傳》、方玉潤《詩經原始》等也認為《泉水》是衛女思歸不得之作，何楷《詩經世本古義》、龔橙《詩本誼》、魏源《詩古微》等認為是許穆夫人所作。也有認為是許穆夫人媵妾所作者。清人黃中松於《詩疑辯證》中則疑為宋桓夫人或邢侯夫人所作，云云。

　　關於「思歸寧而不得」，《鄘風·載馳》中的許穆夫人也被認為是「義不得歸」。以《鄭志》言，此「衛女」也當是衛國嫁往他國之「夫人」。「父母既沒禁其歸寧」很可能是事實，「恐其專恣淫亂」是藉口，更多的是出於政治安全考慮。「專恣淫亂」由《左傳》文姜、齊襄公事言之。見後《齊風·南山》、《蔽笱》、《猗嗟》注。

邶風‧北門

一個能夠王事「適我」「敦我」，政事「一埤（pí）益我」「遺我」者，不是位卑祿薄的小人物──以《唐風‧鴇羽》和《小雅‧北山》之「王事靡盬（gǔ）」類比，「王事」之「王」應指周王──無論「天子」在春秋時期的地位高低；「事」或為征役調運，或為戰事；「政事」或為賦稅糧秣，或為輜重兵馬；「室人」則應是指「周室之人」了──衛詩的政治性在《北門》中得到了較為典型的體現。「終窶（jù）且貧」是於奔波疲命的終極意義之懷疑，而又「室人交徧譖（zhé）我」，「室人交徧摧我……」高層之人心澆薄若此。

出自北門，憂心殷殷。 殷殷：深憂貌。嚴粲《詩緝》：「殷殷，憂之眾也。」《毛傳》：「興也。北門背明鄉（向）陰。」《鄭箋》：「自，從也。興者，喻己仕於暗君，猶行而出北門，心為之憂殷殷然。」**終窶且貧，** 終：既。窶：本意指房屋窄陋，引為貧寒，不能講究。《漢書‧霍光傳》「諸儒生多窶人子，遠客飢寒，喜妄說狂言，不避忌諱」。《玉篇》：「窶，貧陋也。」《說文》「窶，無禮居也」，段玉裁注：「謂宮室不中禮。」宮，房屋之通稱。《爾雅‧釋宮》：「宮謂之室，室謂之宮。」「宮」在西周、春秋並非指漢以後之「宮殿」。**莫知我艱。已焉哉，** 已焉哉：相當今語「已然這樣了」，歎言。**天實為之，謂之何哉！** 謂：馬瑞辰《通釋》：「謂猶奈也。謂之何哉，猶云奈之何哉。」王引之《釋詞》（卷二）釋《召南‧行露》：「謂，猶如也，奈也。」

王事適我， 王事：王命差遣之事。《禮記‧喪大記》孫希旦集解：「王事，謂朝聘、會盟、征伐之事。」適：《毛傳》：「適，之。」之，到。《鄭箋》：「國有王命役使之事，則不以之彼，必來之我。有賦稅之事，則減彼一而以益我。」一說通擿（zhì），擲。馬瑞辰《通釋》：「適當為擿之省借。……古書投擲多作擿，擿我猶投我也。」**政事一埤益我。** 一：皆，完全。埤益：增加，有堆積之意。于省吾《新證》：「埤應讀俾。金文作卑，不從人。……政事一俾益我，言政事皆使加之於我。」**我入自外，** 我入自外：即「我自外入」。**室人交徧譖我。** 室：僚。交：交替、輪流。徧：普遍。譖：責備。**已焉哉，天實為之，謂之何哉！**

王事敦我，敦：敦促，迫促。陸德明《釋文》引《韓詩》：「敦，迫也。」政事一埤遺我。遺（wèi）：與，加，交給。《毛傳》：「遺，加也。」我入自外，室人交徧摧我。摧：《鄭箋》：「摧者，刺譏之言。」傾軋，擠迫。已焉哉，天實為之，謂之何哉！

邶風·北風

《毛序》謂此詩「刺虐也。衛國並為威虐，百姓不親，莫不相攜持而去焉」。「皇天之不純命兮」使衛國「民離散而相失」，〔1〕然而他們又能夠去哪裏呢？他處於「難民」的接收是有條件的。「北風其涼，雨雪其雱（páng）」的包括「貴族」在內〔2〕衛人逃亡場景，給春秋史留下了十分冰涼之記憶。

北風其涼，雨雪其雱。雨：用作動詞，下雪。雱：雪盛貌。朱熹《集傳》：「雱，雪盛也。」《鄭箋》：「興者，喻君政教酷暴，使民散亂。」馬瑞辰《通釋》：「古以谷風、凱風喻仁愛，因以淒風涼風喻暴虐。」惠而好我，惠：順從、贊同。惠而：即惠然。好我：意與我一致，同一。攜手同行。行：道。《毛傳》：「行，道也。」《鄭箋》：「與我相攜持同道而去，疾時政也。」其虛其邪？虛：通「舒」，從容。邪（xú）：通「徐」。《爾雅·釋訓》引作「其虛其徐」。虛、邪，即舒緩、從容之意。馬瑞辰《通釋》：「虛者，舒之同音假借。邪者，徐之同音假借。」既亟只且！既：已。亟：同「急」。《毛傳》：「亟，急也。」只且（jū）：語助詞，有嗟其「亟」之意。參《燕燕》注。王先謙《集疏》：「猶言事已急矣，尚不速行而為此徐徐之態乎？」

北風其喈，其喈，即喈喈，北風疾而有聲。朱熹《集傳》：「喈，疾聲也。」雨雪其霏。其霏（fēi）：同「有霏」，即霏霏，雪大貌。《毛傳》：「霏，甚貌。」惠而好我，攜手同歸。歸：即歸去。其虛其邪，既亟只且！

莫赤匪狐，莫：無。匪：非。莫黑匪烏。烏：烏鴉。《鄭箋》：「赤則狐也，黑則烏也。猶今君臣相承為惡如一。」《孔疏》：「狐色皆赤，烏色皆

黑，以喻衛之君臣皆惡也。」王夫之《稗疏》：「言狐類皆赤，烏類皆黑，所謂同昏之國不能辯其是非也。」**惠而好我，攜手同車。**同車：同車離去。朱熹《集傳》：「同車，則貴者亦去矣。」其時車為貴者所用，故朱熹以為「同車」是貴者所為。**其虛其邪，既亟只且！**

〔1〕屈原《九章·哀郢》：「皇天之不純命兮，何百姓之震愆？民離散而相失兮，方仲春而東遷……」純：正，常。不純命：指天道無常；震：震懼，驚動；愆：罪過，意即何罪而遭殃。王逸注：「震，動也；愆，過也。言皇天不純一其施，則萬物夭傷；人君不純一其政，則百姓震動以觸罪也。」震愆：意指摧殘迫害百姓。郭沫若譯為：「啊，老天爺真真是不守軌範，為什麼把老百姓拼命摧殘？大家都家破人亡，妻離子散，在這仲春二月向著東方逃難……」（《屈原賦今譯》）

〔2〕「攜手同車」與「攜手同行」對文，「車」可能是行文之詞，也可能是實指。朱熹《詩集傳》：「同行同歸，猶賤者也。同車，則貴者亦去矣。」王先謙《詩三家義集疏》：「詩主刺虐，以北風喻時政也。此衛之賢者相約避地之詞。」（「賢者」與「貴者」詞不同，「貴者」不一定是「賢者」──朱熹讀《詩》畢竟有主見）

邶風·靜女

一支彤管、一束細茅道出了詩中人滿心之歡喜。如果這首打破整齊的重章疊句、間有五字句的歌詞能夠得以「合樂」，那麼，它的旋律應該是抒情的，明快和優美的。心靈的調色板上畢竟還有明亮與鮮麗之時──那怕只是一個虛擬的情景。

靜女其姝，靜：嫻靜。《毛傳》：「靜，貞靜也。」朱熹《集傳》：「靜者，閒雅之意。」馬瑞辰《通釋》：「鄭詩『莫不靜好』，《大雅》『籩（biān）豆靜嘉』，皆以靜為靖之假借。此詩『靜女』亦當讀靖，謂善女。猶云淑女、碩女也。故『其姝（shū）』、『其孌』，皆狀其美好之貌。」「籩豆靜嘉」為《既醉》句。姝：美。**俟我于城隅。**俟（sì）：等待。《毛傳》：「俟，待也。」城隅：城角。**愛而不見，**愛：「薆（ài）」、「僾（ài）」之省借。「愛而」者，隱蔽不見之謂。馬瑞辰《通釋》：「愛者，薆及僾省借。《爾雅·釋言》：『薆，隱也』。……

《說文》：『偘，彷彿也。』……愛而猶薆然也。」**不見**：朱熹《集傳》：「不見者，期而不至也。」**搔首踟躕**。踟躕（chíchú）：遲疑，行而不行貌。

靜女其孌，孌：美好貌。**貽我彤管**。貽：增送。彤管：所解多有不一，主「紅色筆管」者似較多。然以春秋社會情狀，「筆管」如此普及和流行於少男少女之手，似不符實際。姚際恒《通論》：「彤管，即《內則》『右佩箴、管』之管，其色赤，故曰彤管。」可能是一種裝針的囊管，箴同「針」。原文：「婦事舅姑，如事父母。雞初鳴，咸盥、漱……左佩紛帨……右佩箴、管、線……」此彤管或為女子親手縫製之信物。**彤管有煒**，煒（wěi）：從火，紅而鮮明。《毛傳》：「煒，赤貌。」有煒，即煒煒。**說懌女美**。說（悅）懌：喜愛。

自牧歸荑，牧：郊外。《詩》中多有言郊、牧、野、林、冏等，皆指邑外郊野遠近不同之地域。參《周南·兔罝》注。歸：同「饋」，贈送。荑：初生的嫩茅草。《毛傳》：「荑，茅之始生也。」姚際恒《通論》：「荑即『手如柔荑』之荑，細茅也。」荑音見《燕燕》注。**洵美且異**。洵：副詞，信，誠然。朱熹《集傳》：「洵，信也。」**匪女之為美**，匪：非。女：汝，指荑草。朱熹《集傳》：「女，指荑。」錢鍾書《管錐編·毛詩正義》：「蓋爾汝群物……愛則吾友也，憎則吾仇爾，於我有冤親之別，而與我非族類之殊，若可曉以語言而動以情感焉。梁玉繩《瞥記》卷二考『爾汝』為賤簡之稱，亦為忘形親密之稱。呼人既然，呼物亦猶是也。」**美人之貽**。句意即「不是你這初生的嫩茅草有多美，是因為美人所貽」。《古詩十九首》有「此物何足貴，但感別經時」句。

邶風 · 新臺

衛宣公姬晉是衛莊公姬揚的兒子，也是衛桓公姬完、衛前廢公姬州吁的弟弟。州吁殺桓公自立後，在大夫石碏的作用下州吁又被殺，衛宣公立（《左傳·隱公三年》、《衛康叔世家》）。《左傳·桓公十六年》紀衛宣公作公子時與其父衛莊公之妾、自己的庶母夷姜私通，生子急（伋 jí）。後來從齊國為急娶

妻，迎娶時宣公看到新娘很美，就自己娶了她──其後變得風情萬種的宣姜。漢人覺得有些不能接受，《新臺》的發現和《晉語四》大夫胥臣與晉文公對話中關於「籧篨（qúchú）」「戚施」之喻論，使其對衛宣公的憎惡有了表述的可能──「風」詩極具趣味的「民歌」對接《左傳》故事，〔1〕「文學」遭遇「經學」之常見。若將《新臺》置於「鄭風」，則與《遵大路》、《山有扶蘇》、《狡童》、《褰裳》等為「組詩」。

新臺有泚，新臺：新樓臺。又解臺名。泚（cǐ）：玼的假借字。《毛傳》：「泚，鮮明貌。」馬瑞辰《通釋》：「泚者，玼之假借。《說文》：『玼，玉色鮮也。』……玼本玉色之鮮。因而色之鮮明者通言玼耳。」有泚，即泚泚。**河水瀰瀰。**河：黃河。瀰瀰：水滿渺彌貌。瀰瀰疊連，更顯河水彌望。瀰音見《邶風‧匏有苦葉》注。**燕婉求之，**燕婉：安順和美貌。《毛傳》：「燕，安；婉，順也。」**籧篨不鮮。**籧篨：亦作蘧蒢，本為粗竹席。製為類似竹壇狀的容器，用舊則敝而形醜。「籧篨」及末章「戚施」或為當時稱其貌醜之人的慣用語。《晉語四》有「籧篨不可使俯，戚施不可使仰……戚施直鎛（bó），籧篨蒙璆（qiú）」之句。鎛，一種青銅樂器，形狀似鐘。璆，玉磬。句意即讓駝背的人敲鐘，讓不能彎腰的人戴上玉磬以敲擊，意因材而用。鮮：善。《鄭箋》：「鮮，善也。伋之妻齊女來嫁於衛。其心本求燕婉之人，謂伋也，反得籧篨不善，謂宣公也。」伋，衛宣公太子。見《左傳‧桓公十六年》。

新臺有洒，洒（cuǐ）：《毛傳》：「高峻也。」陳奐《傳疏》：「《說文》曰：『陖（jùn），峭也。』『峭，陵也。』峻同陵，洒即陵之假借字。凡言陵峭皆謂斗直不可上。」有洒，即洒洒。又陸德明《釋文》：「（洒）《韓詩》作漼（cuǐ），音同，云：『鮮貌。』」《小雅‧小弁（pán）》「有漼者淵」，《毛傳》：「漼，深貌。」水深則其色顯而鮮。馬瑞辰《通釋》：「洒與洗雙聲，古通用。《白虎通》：『洗者，鮮也。《呂氏春秋》高注：『洗，新也。』」**河水浼浼。**浼浼（miǎn）：水漲滿貌。《毛傳》：「浼浼，平地也。」毛意即河水浼浼與岸地而平。**燕婉之求，籧篨不殄。**殄（tiǎn）：同「腆」，善。《鄭箋》：「殄，當作腆。腆，善也。」《孔疏》「腆與殄，古今字之異。故《儀禮注》云：『腆，

古文字作殄』是也。」一說『殄』為字本義。王夫之《稗疏》:「『不殄』者，言其宜死而不死也。」

　　魚網之設，鴻則離之。鴻：舊說鴻即鳥者。聞一多在《新義》中考證鴻即蛤蟆:「《詩》鴻讀為蠪（lóng），蠪即蛤蟆，故誤得絓（引按：絓音 guà，受阻、絆住）與漁網之中，又得與魚對舉以分喻美醜。」《太平御覽》蟲豸部六:「薛君曰：戚施，蟾蜍，喻醜惡。」離：通「罹」，遭遇，陷入，引為「獲」。《毛傳》:「言所得非所求也。」《鄭箋》:「設魚網者宜得魚，鴻乃鳥也，反離焉。猶齊女以禮來求世子，而得宣公。」**燕婉之求，得此戚施。**戚施：駝背者。《毛傳》:「戚施，不能仰者。」朱熹《集傳》:「亦醜疾也。」

　　〔1〕《毛序》:「《新臺》，刺衛宣公也。納伋之妻，作新臺於河上而要之。國人惡之，而作是詩也。」《新臺》刺衛宣公，朱熹於《詩集傳》中有所疑卻未置可否。與其同時代的王質則於《詩總聞》中認為《新臺》是「夫不悅其妻則以惡疾詆之。此夫必淫佚，婦必高潔。河水濁而臺清，魚網下而鴻高，婦不同夫，故夫不悅。」清人崔述於《讀風偶識》中也認為「詩所言殊與傳所載者不類」，力論《左傳》所紀與《新臺》「不相涉」。

　　關於《毛序》，朱熹《詩序辯說》言其「附會書史，依託名謚，鑿空妄語，以誑後人」，「其為說必使詩無一篇不為美刺時君國政而作，固已不切於情性之自然……」但宋人以「理學」升級儒說而解《詩》也非「切於情性之自然」——《詩集傳》引「程子」（程顥、程頤）、「張子」（張載）最多；而《左傳》嚴格說也是不能視為「史書」的。

邶風・二子乘舟

　　衛宣公娶宣姜生壽、朔二子，夷姜失寵自縊而亡。宣姜聯合朔誣陷本該是她丈夫的伋（急），衛宣公就讓伋出使齊國，讓刺客在路上殺死他。壽把這個消息告訴伋讓他趕快逃走，伋說:「不聽父親的命令，做兒子還有何用？假如世上有無父之國，我就可以逃到那裡去了。情急之下壽把伋灌醉，帶著他的旗子坐車走在了前面。刺客誤殺壽後，伋趕到說:「你們要殺的是我，這個人有什麼罪？請你們殺了我吧！」刺客就將伋殺死了。〔1〕《毛序》「《二子乘舟》思伋、壽也。衛宣公之二子爭相為死，國人傷而思之，作是詩也」。

《左傳》事常有近乎食人部落和禽獸者──古代政治史中「貴族」階層屢見不鮮。而當「歷史」的憂傷尋歸於一首詩歌時，當允許和尊重人類這種傷逝情感的存在──於「經學」而言，這已是十分難能可貴的了。

二子乘舟，二子：兩人。子：尊愛之稱。**汎汎其景。**汎汎：漂浮。陳奐《傳疏》：「汎汎，流貌。」景：通「憬」，遠行貌。陳奐《傳疏》引王引之《述聞》：「景讀如憬。《魯頌·泮水》篇『憬彼淮夷』，《毛傳》曰：『憬，遠行貌。』下章言『汎汎其逝』正與此同意也。」**願言思子，**願：從心，思念。《毛傳》：「願，每也。」〔2〕言：助詞。**中心養養。**中心：即心中。養養（yàng）：通「恙恙」。恙，從心，憂。《爾雅·釋詁》：「恙，憂也。」《毛傳》：「養養然，憂不知所定。」

二子乘舟，汎汎其逝。逝：往，去。《毛傳》：「逝，往也。」**願言思子，不瑕有害？**瑕：通「遐」。不瑕有害，意即「遠在他鄉該不會有什麼災難吧？」《毛傳》：「言二子之不遠害。」參《邶風·泉水》注引黃焯說。一說瑕，通「胡」，何。害：害處，引為災難。王先謙《集疏》：「不瑕有害，言此行恐不無有害，疑慮之詞。」

〔1〕《左傳·桓公十六年》（前696年）：「初，衛宣公烝於夷姜（杜預注：「夷姜，宣公之庶母也。上淫曰烝。」夷姜為衛宣公父衛莊公之妾），生急子（引按：「急」即「伋」，名），屬諸右公子（託與右公子撫養。下「左公子」者同）。為之娶於齊，而美，公取之，生壽及朔，屬壽於左公子（注：「左右媵之子，因以為號。」賈公彥疏：「《公羊》稱諸侯一國，則二國往媵之，以有二媵，故分為左右。說《公羊》者，言右媵貴於左媵，義或當然。此左右公子，蓋宣公之兄弟也」）。夷姜縊（注：「失寵而自縊死」）。宣姜與公子朔構急子（注：「宣姜，宣公所取急子之妻。構，會其過惡。」會音kuài，算計）。公使諸齊，使盜待諸莘（注：「莘，衛地」），將殺之。壽子告之，使行。不可，曰：『棄父之命，惡用子矣！有無父之國則可也。』及行，飲以酒，壽子載其旌以先，盜殺之。急子至，曰：『我之求也。此何罪？請殺我乎！』又殺之。二公子故怨惠公。十一月，左公子洩、右公子職立公子黔牟（伋同母弟）。惠公奔齊。」惠公即朔，《衛康叔世家》「十九年（前700年），宣公卒，太子朔立，是為惠公」。

　　《衛康叔世家》所紀人物關係與《左傳》有出入。《桓公十六年》孔穎達疏：「晉獻公烝於齊姜，惠公烝於賈君，皆是淫父之妾。知此亦父妾，故云庶母也。成二年傳稱楚莊王以夏姬『予連尹襄老，襄老死，其子黑要烝焉』。淫母而謂之烝，知烝是上淫。蓋訓烝為進，言自進與之淫也。《世家》云『初，宣公愛夫人夷姜』。烝淫而謂之夫人，馬遷謬耳。」「晉獻公烝於齊姜」、「惠公烝於賈君」（皆嫡子烝庶母）見《莊公二十八年》、《僖公十五年》。

　　〔2〕《毛傳》言「每也」意即每每思念，總是思念，而非「願」就是「每」的意思。《毛傳》中這種省略所解詞意而直接狀說者頗多，如《新臺》中的「浼浼」解為「平地也」，意河水浼浼與岸地齊平，非意「浼浼」就是平坦之地。

鄘風·柏舟

　　一首戲作的女兒歌，率真和天籟般的清音穿越了「禮」樂的轟鳴喧囂，徑自飄蕩和跳躍在王權鞭長莫及的民間自由思想的原野上。《邶風》、《鄘風》皆以「柏舟」冠首，載重載輕，知之者，唯其日夜流淌不息之河流。

　　汎彼柏舟，在彼中河。中河：河中。**髧彼兩髦，**髧（dàn）：髮下垂貌。《毛傳》：「髧，兩髦之貌。」馬瑞辰《通釋》：「《玉篇》：『髧，髮垂貌。』是也。凡字從尤聲者多有垂義。」兩髦：少年男子頭髮向兩邊分梳，前垂至眉。《毛傳》：「髦者，髮至眉，子事父母之飾。」**實維我儀。**實：副詞，實，「實在是」。鋪墊了下句誓言之程度。一說實，通「寔（shí）」，是，此。維，助詞。儀：嚮往。一說匹配。自《毛傳》：「儀，匹也。」**之死矢靡它。**之：至。矢：通「誓」。靡：無。《毛傳》：「至己之死，信無他心。」**母也天只，**也、只：皆語助詞，參《周南·樛木》、《邶風·燕燕》、《北風》注。**不諒人只！**諒：體諒，理解。

　　汎彼柏舟，在彼河側。髧彼兩髦，實維我特。特：獨。《廣雅》：「特，獨也。」物無偶曰特，「我特」即「我的唯一」。一說匹偶，源於《毛傳》「特，匹也。」言特者，欲匹之也。**之死矢靡慝。**慝（tè）：同「忒」。忒，從心，變更。《說文》：「忒，更也。」《毛傳》：「慝，邪也。」即變更（變心）的「邪念」。**母也天只，不諒人只！**

鄘風·墙有茨

衛宣公於十九年（前700年）卒，其與宣姜所生太子朔立，即衛惠公。《左傳·閔公二年》：「初，惠公之即位也少，齊人使昭伯烝於宣姜。不可，強之。生齊子、戴公，文公、宋桓夫人、許穆夫人。」昭伯名頑，是衛宣公的庶長子，衛惠公的庶兄，死了的急（伋）的弟弟。（《桓公十六年》、《衛康叔世家》）血腥的政治鬥爭中宮闈深處幾代衛君的婚亂，漢人覺得十分難為情，所以有了《毛序》之斷言。（見《周南·汝墳》注）

即便辭與「史」果真貼切，漢人言春秋事也會導致倫理認識上的錯位。其實《墙有茨》極像是一首末世童謠，不知所諷其何？起碼應該遠不止於一國君室男女通媾那點事。

墙有茨，茨：蒺藜，也稱刺蒺藜、爬墙草，果實有刺。《毛傳》：「墙所以防非常。」《鄭箋》：「今宮內有淫昏行者，猶墙之生蒺藜。」**不可埽也**。埽（sǎo）：同「掃」，掃除。馬瑞辰《通釋》：「《左氏傳》云：『人之有墙，以蔽惡也。』《詩》以『墙茨』起興，蓋取蔽惡之意。以墙茨之不可埽，所以固其墙，興內醜之不可外揚，將以隱其惡也。」見《左傳·昭公元年》叔孫豹語，原文為「人之有墙，以蔽惡也，墙之隙壞，誰之咎也？」**中冓之言**，中冓：指宮室深密之處。姚際恒《通論》：「冓、構同。《說文》云『交積材也。』……蓋為室中結構深密之處。」又黃焯《平議》：「《傳》云為冓，猶言內室，『中冓之言』，即閨中曖昧之言。」**不可道也**。道：說。不可道也，即「說不得」。**所可道也**，所：若。陳子展《詩經選譯》：「『所可道也』之所，為假設連詞，若也，如也。」**言之醜也**。

墙有茨，不可襄也，襄：通「攘」，除去。《毛傳》：「襄，除也。」**中冓之言，不可詳也**。詳：詳說，詳知。朱熹《集傳》：「詳，詳言之也。」**所可詳也，言之長也**。長：朱熹《集傳》：「言之長者，不欲言而託以語長難竟也。」

墙有茨，不可束也。束：捆、聚，意「收集起來」。《毛傳》：「束而去之。」王先謙《集疏》：「束是總聚之義，總聚而去之，言其淨盡也。」**中**

蕅之言，不可讀也。讀：談論，宣揚。胡承珙《後箋》：「道者，約言之；詳者，多言之；讀者，反覆言之。詩意蓋謂約言之尚不可，況多言之乎？況反覆言之乎？三章自有次第。」按：以現代漢語理解，此「讀」意尤深長。**所可讀也，言之辱也。** 辱：恥辱。

鄘風·君子偕老

是何人在堆砌辭藻，生搬硬造一個「邦之媛」？一身王后之服卻又「偕老」以稱——《邶風·擊鼓》中的「偕老」是情誓之詞。而句首即「君子」者，又是誰？以「男女之辭」寫政治，[1] 或在屈原之前的春秋中後期已行之，只是修辭之手法有限。「子之不淑，云如之何」，既是怨甚之詞，也是自傷之詞。[2] 春秋時的「美人香草」或也寄寓著作者「美政」之理想——但其並不一定就是「忠君愛國」。

君子偕老， 此處「偕老」用作名詞，即君子之「偕老」。**副笄六珈。** 副：通「䰀」，長髮編挽而成的髻。《毛傳》：「副者，后夫人之首飾，編髮為之。」笄（jī）：即簪子。從竹，初為竹製，後多為金屬製，多有雕飾。珈（jiā）：從玉，婦女髮簪上的飾物，多為珠玉之類。聞一多《類鈔》：「笄上垂珠為飾曰珈。其數有六，故曰六珈。」**委委佗佗，** 佗音 tuó。聞一多《類鈔》：「步行委曲雍容自得貌。」于省吾在《新證》中認為此句應像《召南·羔羊》之「委蛇委蛇」一樣，讀作「委佗委佗」。**如山如河，** 聞一多《類鈔》：「如山脈如河流，蜿蜒而曲折也。」**象服是宜。** 象服：有彩繪的華美衣服。《毛傳》：「象服，尊者所以為飾。」《孔疏》：「象鳥羽而畫之，故謂之象。」又陳奐《傳疏》：「象服未聞，疑此即褕衣也。象，古襐（xiàng）字，《說文》：『襐，飾也。』象服猶襐飾，服之以畫繪為飾者。」聞一多《類鈔》：「象服即翟衣，刻畫以翟雉之形，故曰象服。」**子之不淑，云如之何！** 不淑：哀挽惜傷悲憫之辭。云：句首助詞。如之何：即奈之何。

玼兮玼兮， 玼（cī）：色彩鮮明。王夫之《稗疏》：「紫玉曰玼，白玉曰瑳。」參《邶風·新臺》注。**其之翟也。** 其：代詞。之：句中助詞。翟：

翟衣。彩繪翟雉圖形的衣服。**鬒髮如雲**，鬒（zhěn）：頭髮黑而密。**不屑髢也**。髢（dí）：假髮製的髻。朱熹《集傳》：「人少髮則以髢益也。」**玉之瑱也**，瑱（tiǎn）：玉製的耳塞，或指珠玉類耳飾。**象之揥也**，象之揥（tì）：象牙製的簪，固定頭髮的同時起裝飾作用，也用來搔首。《毛傳》：「揥，所以摘髮也。」《孔疏》：「以象骨搔首，因此為飾，名之揥。」**揚且之皙也**。揚：舒揚，形容臉型、面容之美。且：連詞。皙：白皙。《孔疏》：「其眉上揚廣，且其面之色又白晰。」**胡然而天也**，胡：何。然：如此。而：若，如。天：天之成。**胡然而帝也！**帝：帝子。《九歌・湘夫人》「帝子降兮北渚，目眇眇兮愁予」。

　　瑳兮瑳兮，瑳（cuō）：從玉，色彩潤澤鮮明。陸德明《釋文》引《說文》：「瑳，玉色鮮白。」**其之展也**。展：展衣，王后朝服，白色。《天官・內司服》：「掌王后之六服——褘衣（引按：上有彩色野雉圖案）、揄（yú）狄（上有野雉圖案色彩略不同）、闕（quē）狄（上有野雉圖案但無色彩）、鞠衣（王后桑蠶告天儀式時所穿，淺黃色）、展衣、褖（tuàn）衣（王后便服，黑色）、素沙（即白紗，以上六種衣服的裏子）……」或曰展通「襢（zhàn）」，「貴族」中有封號婦女所穿的一種禮服。《禮記・玉藻》孔穎達疏：「『一命展衣』者，襢，展也。子、男、大夫一命，其妻服展衣也。」**蒙彼縐絺**，蒙：覆，罩。《毛傳》：「蒙，覆也。」縐絺：王夫之《稗疏》：「蓋似今之縐紗。」《孔疏》：「絺者，以葛為之。精曰絺，粗曰綌。其精尤細靡者縐也。」參《周南・葛覃》注。**是紲袢也**。紲袢（xièpàn）：又稱褻衣，即內衣。馬瑞辰《通釋》：「褻者正字，紲者假借字。」《說文》：「褻，私服。……《詩》曰：『是褻袢也。』」「袢，衣無色也。……《詩》曰：『是紲袢也。』」**子之清揚**，清：清，從水，眼清澈明亮。揚：《毛傳》：「廣揚而顏角豐滿。」顏角，額角。指其舒闊美麗。**揚且之顏也**。且：連詞。**展如之人兮**，展：誠然。《毛傳》：「展，誠也。」之：句中助詞。**邦之媛也！**媛：美女。《毛傳》：「美女為媛。」姚際恒《通論》：「邦之媛，猶後世言國色。」

〔1〕王逸《楚辭章句·離騷序》:「《離騷》之文,依《詩》取興,引類譬喻,故善鳥香草以配忠貞,惡禽臭物以比讒佞,靈修美人以媲於君,宓(fú)妃佚女以譬賢臣。」宓妃,即《洛神賦》之「洛神」。宓通「伏」,傳「宓妃」為神話中的伏羲氏女,溺洛水而為神;佚女,《離騷》「望瑤臺之偃蹇兮,見有娀之佚女」,王逸注:「佚,美也。」游國恩《離騷纂義》:「佚者,昳(yì)之借字,《釋文》作佚。《戰國策·齊策》,騶忌修八尺有餘,身體昳麗。《章句》訓為美,是也。」

〔2〕王國維《與友人論〈詩〉〈書〉中成語書》:「『不淑』一語,其本意謂不善也。不善或以性行言,或以遭際言,而『不淑』古多用為遭際不善之專名。」(《觀堂集林》卷二)《致沈兼士——研究發題》:「『子之不淑,云如之何。』《傳》《箋》均以『善』訓『淑』。不知『不淑』乃古成語也。《雜記》載諸侯相弔詞曰:『寡君聞君之喪,寡君使某,如何不淑!』……是『如何不淑』一語,乃古弔死唁生之通語。」(《王國維全集·書信》)

鄘風·桑中

三章之間句式的統一和對應以及「云誰之思」套語的使用,使《桑中》看起來像一首流行已久、被不斷雕琢而成的精美民歌。以「禮」治天下的周代有著嚴格的等級貴賤之分,桑間濮上的草澤之民卻想像著和貴族名媛淑女幽會——以齊國姜姓始,於「三孟」之美「期我乎桑中」、「要我乎上宮」、「送我乎淇上」的喜劇情景,逗露出了嚴酷生存現實中的超乎尋常的達觀——雖然他們的身份可能僅僅是征夫使役、田丁勞人或山野樵夫。

爰采唐矣? 爰:何處。聞一多《類鈔》:「爰,『於焉』之合音,猶言在何處也。」參《邶風·擊鼓》注。唐:草名,即菟絲草。《孔疏》:「《釋草》云:『唐蒙,女蘿;女蘿,菟絲。』」**沬之鄉矣**。沬(mèi):衛國邑名,也即商時之「牧野」。《孔疏》:「然則沬為紂都……今鄘並於衛,故言衛邑。紂都朝歌,明朝歌即沬也。」鄉:田野,鄉村。**云誰之思?** 云:句首助詞。誰之思:即思之誰。**美孟姜矣**。孟:排行居長者。其他依次為仲、叔、季,多用於兄弟排行及時序。姜:姓。孟姜,即姜氏大女。從詩中所言內容看作者身份,此處「美孟姜」不是實指,是泛指美女。亦足見姜姓齊女之高貴美麗在當時的影響。朱熹《集傳》:「姜,齊女。言貴族也。」〔1〕**期我乎桑**

中，期：約。桑中：桑林間。或為時男女幽會相約之地的借稱。時有稱男女幽會為「桑中之約」者。《左傳‧成公二年》「夫子有三軍之懼，而又有『桑中』之喜，宜將竊妻以逃者也」。又，孫作雲於《詩經與周代社會研究》中引《墨子‧明鬼》「燕之有祖，當齊之有社稷、宋之有桑林、楚之有雲夢也，此男女之所屬而觀也」，認為桑林、上宮皆指「桑林之社」。時社廟周圍廣植桑樹。**要我乎上宮**，要：通「邀」。《鄭箋》：「與我期於桑中，而要見我於上宮，其送我則於淇水之上。」上宮：郭沫若《甲骨文研究》：「桑中即桑林所在之地，上宮即祀桑之祠，士女於此合歡。」一說地名或室名。《毛傳》：「桑中、上宮，所期之地。」馬瑞辰《通釋》：「以《箋》說推之，桑中為地名，則上宮宜為室名。」**送我乎淇之上矣**。淇：淇水。參《邶風‧泉水》注。上：指方位。淇之上，或指淇水邊。

爰采麥矣？沬之北矣。云誰之思？美孟弋矣。弋（yì）：姓。朱熹《集傳》：「弋，《春秋》或作姒，蓋杞女，夏后氏之後，亦貴族也。」朱熹「夏后氏之後」說自史遷《陳杞世家》。蓋史遷敘寫各「世家」之「貴族」謬說《春秋‧襄公四年》「秋七月戊子，夫人姒氏薨」，《公羊傳》：「秋，七月戊子，夫人弋氏薨。」**期我乎桑中，要我乎上宮，送我乎淇之上矣。**

爰采葑矣？葑：蔓菁。大頭菜一類的蔬菜。參《邶風‧谷風》注。**沬之東矣。云誰之思？美孟庸矣。**庸：《毛傳》：「姓也。」王先謙《集疏》：「庸在沬東，居此人取舊邑之稱以為族，若晉韓趙魏氏之比。」**期我乎桑中，要我乎上宮，送我乎淇之上矣。**

〔1〕在姬姓及異姓諸封國中，重要的國有宋、魯、衛、唐、齊、燕等。齊是姜太公呂尚之後的封國，都於營丘。齊國多美女，姜為其姓，所嫁夫之稱加上姜姓形成齊女之稱呼：如莊姜、共姜、宣姜、文姜、叔姜、哀姜等。《風》詩中不乏摹寫其姿容者。

鄘風‧鶉之奔奔

《毛序》（見《周南‧汝墳》注引）鄭玄箋：「刺宣姜者，刺其與公子頑為淫亂行，不如禽鳥。」明言「人之無良，我以為兄」、「我以為君」，何以又是刺宣姜呢？孔穎達的說法是：「二章皆上二句刺宣姜，下二句責公（引按：意指衛惠公）不防閑也。頑與宣姜共為此惡，而獨為刺宣姜者，以宣姜衛之小君，當母儀一國，而與子淫，尤為不可，故作者意有所主，非謂頑不當刺也。今『人之無良，我以為兄』，亦是惡頑之辭。」衛宣公上烝庶母夷姜、[1]下納本該是兒媳的宣姜，宣姜又通於公子頑——《左傳》故事（桓十六年、閔二年）多漢人編定，[2]作「詩」的春秋人又哪裏知道？

以「鵲之彊彊（jiāng），鶉之奔奔」比興「人之無良，我以為君」，簡潔重複的言辭裏，透著某種憤世不平和切齒之恨。而春秋之所謂「兄」「君」，宗法因素之外，更多是「叢林法則」之勝者。

鶉之奔奔，鶉：鵪鶉。奔奔：相隨而飛。《孔疏》：「言鶉，則鶉自相隨奔奔然，鵲，則鵲自相隨彊彊然，各有常匹，不亂其類。今宣姜為母，頑則為子，而與之淫亂，失其常匹，曾鶉鵲之不如矣。又惡頑，言人行無一善者，我君反以為兄，而不禁之也。惡頑而責惠公之辭。」參《墻有茨》。**鵲之彊彊。**彊彊：同下章「奔奔」，多解為匹偶相隨貌。《毛傳》：「鶉則奔奔，鵲則彊彊然。」《鄭箋》：「奔奔、彊彊，言其居有常匹，飛則相隨之貌。」奔奔、賁賁疑為摹其鵪鶉振翅而飛的聲音。「彊彊」差似喜鵲之叫聲。[3]**人之無良，**良：指操行。《鄭箋》：「人之行無一善者。」**我以為兄。**我：《韓詩外傳》引作「何」，句「何以為兄」。兄：姚際恒《通論》、魏源《詩古微》、王先謙《集疏》等認為「兄」「君」為一人。或皆為泛指。又聞一多《類鈔》：「宗法嫡長傳位，故為人君即為人兄。」

鵲之彊彊，鶉之奔奔。人之無良，我以為君。

〔1〕參《邶風‧二子乘舟》注〔1〕引《桓公十六年》杜預注、孔穎達疏。《小爾雅‧廣義》：「上淫曰淫，下淫曰報，旁淫曰通。」

〔2〕又《列女傳・孽嬖傳》：「衛之宣姜，謀危太子，欲立子壽，陰設力士，壽乃俱死，衛果危殆，五世不寧，亂由姜起。」《列女傳》西漢劉向作。

〔3〕《禮記・表記》引詩「奔奔」作「賁賁」，「強強」作「姜姜」，鄭玄注：「姜姜、賁賁，爭鬥惡貌也。言我以惡人為君，亦使我惡如大鳥『姜姜』於上，小鳥『賁賁』於下。」同一詩而注不同，「經學」之常見。

鄘風・定之方中

衛惠公子衛懿公即位後，癡迷豢鶴，揮霍淫樂，國已不國。前 660 年，狄人入侵，衛滅，懿公死。衛懿公的堂弟戴公在宋桓公的幫助下率衛之遺民渡過黃河，寄於曹邑。衛民七百三十人和共、滕兩地眾庶共五千多人擁立戴公為君。戴公在位僅一月卒，其弟文公立。在齊桓公率諸侯的支持下，於前 658 年遷於楚丘，重建城郭宮室。文公克勤克儉，勵精圖治，「務材訓農，通商惠工，敬教勸學，授方任能」（《左傳・閔公二年》），終使衛國中興。《齊語》紀楚丘之初文公僅有齊桓公所與三百匹馬，以詩所言，其後已是「騋牝三千」了。邦國興，人悅之而志以詩，見得其人心溫熱。

定之方中，定：星名，又名室、營室。二十八宿中北方玄武七宿（斗、牛、女、虛、危、室、壁）之一。方中：正當位。朱熹《集傳》：「定，北方之宿，營室星也。此星昏而正中，夏正十月也。於是時可以營制宮室，故謂之營室。」**作于楚宮。**于：為，下文「作于楚室」之于同。王引之《述聞》：「兩『于』當讀曰『為』，謂作為此宮室也。古聲于、為通。」楚宮：楚丘的宮廟。楚丘，地名。《毛傳》：「楚宮，楚丘之宮也。」《鄭箋》：「楚宮，謂宗廟也。」**揆之以日，**揆（kuí）：測。《毛傳》：「揆，度也。」曰：指日影。立竿測影以確定東西南北方向。**作于楚室。**楚室：楚丘之居室。《毛傳》：「室猶宮也。」《鄭箋》：「楚室，居室也。君子將營宮室，宗廟為先，廄庫為次，居室為後。」**樹之榛栗，**樹：用作動詞。榛、栗及下句椅、桐、梓（zǐ）、漆皆為樹名。椅：梧桐類的樹，即山桐。《孔疏》：「乃樹之以榛栗椅桐梓漆六木於其宮中。」馬瑞辰《通釋》：「古人建國，凡廟朝壇壝宮府皆植名木，如『九棘』、『三槐』之類。詩言立國之制，故並及所樹之木。琴瑟古多用桐，

亦或以椅為之。……是椅、桐、梓、漆皆為琴瑟之用，若榛、栗，則無與於琴瑟也。《詩》『爰伐琴瑟』特承上『椅、桐、梓、漆』言，謂六木中有可伐為琴瑟者耳。」「九棘」、「三槐」，王宮外朝（內有治朝、燕朝）種植棘樹和槐樹，作為臣子朝見君王時所居位置的標誌。**椅桐梓漆，爰伐琴瑟。**爰：語助詞。

　　升彼虛矣，虛：墟。此指漕墟，即前 660 年衛國被狄人所滅，殘部立戴公渡過黃河暫時落腳地漕邑，楚丘偏其東，鄰近。參《左傳·閔公二年》。《毛傳》：「虛，漕虛也。」又朱熹《集傳》：「虛，故城也。」**以望楚矣。望楚與堂，**堂：楚丘旁邑名。朱熹《集傳》：「堂，楚丘之旁邑也。」**景山與京。**景：大。《毛傳》：「景山，大山。」京：高丘。**降觀于桑。**降：自高及低。**卜云其吉，**卜：龜甲上鑽孔後用火燒烤，觀其裂紋以測凶吉。興建都城選址後行問占卜。《毛傳》：「建國必卜之。」**終焉允臧。**允：信；確實。臧：善，好。《毛傳》：「允，信。臧，善也。」

　　靈雨既零，靈雨：吉祥的雨，甘霖。零：《毛傳》：「落也。」**命彼倌人。**倌（guān）人：掌車馬的小官。《毛傳》：「倌人，主駕者。」**星言夙駕，**星：此指雲開星現。《鄭箋》：「星，雨止星見。」朱熹《集傳》：「星，見星也。」又姚際恆《通論》：「猶今人言『星速』、『星夜』。」言：連詞，而。夙：早，此指黎明時分。**說于桑田。**說：《鄭箋》：「欲往為辭說於桑田，教民稼穡。務農急也。」或曰說通「稅」，停息，舍之。「說于桑田」即舍於桑田之野而教民稼穡。《衛風·碩人》有「說于農郊」句。參《召南·甘棠》注。**匪直也人，**匪：非。直：特。匪直，即不僅、不獨是。「匪直也人」即不僅僅是（上述這些）這樣（有作為）的人。**秉心塞淵，**秉心：存心，用心。塞：誠，實。淵：深遠。「秉心塞遠」即精誠用心，謀慮深遠。參《邶風·燕燕》注。**騋牝三千。**騋：馬高七尺謂之騋。《夏官·庾人》：「馬八尺以上為龍，七尺以上為騋，六尺以上為馬。」牝：母馬。或為泛指。但在財富的意義上，「騋牝三千」的價值要比「騋牡三千」大得多。騋音見《周南·漢廣》注。

鄘風 · 蝃蝀

　　從並見於《邶風 · 泉水》、《衛風 · 竹竿》的「女子有行，遠父母兄弟」的傷離別句看，《蝃蝀》應該是一個女子無奈而嫁的苦歎——就要將自己的一生「所仰望而終身也」於一個「大無信也」的人了，「朝隮（jī）於西，崇朝其雨」心境的黯然和末章所表現出的幾近絕望之心情無以復加。而細酌之，又極像是一首「君難託」〔1〕和「逢時不祥」的排遣失意與苦悶的政治抒情詩。「虬（qiú）龍鸞鳳以託君子，飄風雲霓以為小人」（王逸《離騷章句》），春秋人包括「士」者〔2〕在內，已經具備了這種表達能力。

　　蝃蝀在東，蝃蝀（dìdōng）：虹。《毛傳》：「蝃蝀，虹也。」《釋名 · 釋天》：「虹，陽氣之動也。又曰蝃蝀。其見（現），每於日在西而見於東，啜飲東方之水氣也。見於西方曰升，朝始隮而出見也。又曰美人。」陳啟源《稽古編》：「螮（蝃）蝀在東，暮虹也。朝隮于西，朝虹也。暮虹截雨，朝虹行雨，屢驗皆然。雖兒童婦女皆知也。」陳說近諺「早起紅霞雨淋淋，晚起紅霞曬死人」。即暮虹預示著天氣晴好，朝虹將雨。**莫之敢指。**指：用手指畫。《毛傳》：「君子見戒而懼諱之，莫之敢指。」按：毛說以為對「虹」的懼諱，所以「莫之敢指」。古人可能認為用手指虹會影響好的天氣，所以「莫之敢指」。「蝃蝀在東，莫之敢指」鋪墊「朝隮于西，崇朝其雨」，隱喻女子「遇人之不淑」。**女子有行，**有：動詞前助詞。行：出嫁。參《邶風 · 泉水》「女子有行，遠父母兄弟」注。錢澄之《田間詩學》：「『女子有行』二句，似是當時成語，故多引用之。」**遠父母兄弟。**

　　朝隮于西，朝隮：早晨的虹。楊樹達《述林》：「詩以『朝隮于西』與『蝃蝀在東』為對文，而隮亦謂虹。知古義虹為通稱。細分之，則見於東方者謂之蝃蝀，見於西方者謂之隮也。」**崇朝其雨。**崇朝：整個早上。《毛傳》：「崇，終也。從旦至食時為終朝。」**女子有行，遠兄弟父母。**

　　乃如之人也，乃：語詞。《鄭箋》：「之人，是人也。」如之人也：意即「這樣的一個人啊」。**懷昏姻也。**懷：同壞。王先謙《集疏》引蘇輿云：「懷蓋壞之借字，懷、壞並從褱（huái）聲，故字得相通。《左》襄十四年傳：

『王室之不壞』，《釋文》：『壞，本作懷。』《荀子・禮論篇》『諸侯不敢壞』，《史記・禮書》作『懷』，是其證。《說文》：『壞，敗也。』懷昏姻，言敗壞昏姻之正道也。」（蘇輿為王先謙門生，光緒三十年〔1904年〕進士）或曰懷，思，渴求。指女子唯婚姻是懷。**大無信也**，信：王先謙《集疏》引《白虎通・情性》：「信者，誠也，專一不移也。」**不知命也**。命：命運。一說父母之命。

〔1〕王安石《君難託》：「人事反覆那能知，讒言入耳須臾離。嫁時羅衣羞更著，如今始悟君難託。君難託，妾亦不忘舊時約。」

〔2〕春秋之「士」已不唯《左傳》桓公二年、襄公十四年、昭公七年、《晉語四》所敘卿大夫遠族之「士」，非宗法之「士」興。《論語》紀孔子等曾談論過關於「士」的行為準則和「職業道德」話題：

「在邦無怨，在家無怨（何晏注引包咸：「在邦為諸侯，在家為卿大夫。」邢昺疏：「言既敬且怨，若在邦為諸侯必無人怨，在家為卿大夫亦無怨也。」「家」即「諸侯之國大夫之家」之「家」，非孟子言「數口之家」之家）。」

「子張問：『士何如斯可謂之達矣？』子曰：『何哉，爾所謂達者？』子張對曰：『在邦必聞，在家必聞（注引鄭玄：「言士之所在，皆能有名譽」）。』子曰：『是聞也，非達也。夫達也者，質直而好義，察言而觀色，慮以下人（注引馬融：「常有謙退之志，察言語，觀顏色，知其所欲，其志慮常欲以下人」）。在邦必達，在家必達（注引馬融：「謙尊而光，卑而不可逾。」疏：「此《周易・謙卦・象辭》也。言尊者有謙而更光明盛大，卑者有謙而不可逾越。引證士有謙德則所在必達也」）。夫聞也者，色取仁而行達，居之不疑（疏：「此言佞人色則假取仁者之色，而行則違之，安居其偽而不自疑也」）。在邦必聞，在家必聞（疏：「言佞人黨多，妄相稱譽，故所在皆有名聞也」）。』」（《顏淵》）

「子貢問曰：『何如斯可謂之士矣？』子曰：『行己有恥（注引孔安國：「有恥者，有所不為」），使於四方，不辱君命，可謂士矣（疏：「言行己之道，若有不善，恥而不為。為臣奉命出使，能遭時制宜，不辱君命。有此二行，可謂士矣」）。』曰：『敢問其次？』曰：『宗族稱孝焉，鄉黨稱弟（悌）焉』。曰：『敢問其次？』曰：『言必信，行必果……』」「子曰：『切切偲偲（sī），怡怡如也，可謂士矣（注引馬融：「切切偲偲，相切責之貌。怡怡，和順之貌」）。』」（《子路》）

「子曰：『士而懷居，不足以為士矣（疏：「言士當志於道，不求安居。而懷安其居，則非士也」）。』子曰：『邦有道，危言危行。邦無道，危行言孫（遜）。』（疏：「危，厲也。孫，順也。言邦有道，可以厲言行。邦無道，則厲其行，不隨污俗，順言辭以避當時之害也」）」（《憲問》）

「子張曰：『士見危致命，見得思義（注引孔安國：「致命，不愛其身。」疏：「為士者，見君有危難，不愛其身，致命以救之；見得利祿，思義然後取」）……』」（《子張》）

……

春秋時宗法動搖，各國公室「設官職，陳爵祿，而士自至」（《韓非子・難二》）──其奔走四方靠本事吃飯，「自恃無恃人」，但畢竟是拿食祿的「買賣」關係（《外儲說右下》「主賣官爵，臣賣智力」），被君主權臣等「蓄」之「養」之「納」之而「以忠事主」，得志時想法又多，心情也常常不甚好。

鄘風・相鼠

孔子用拐杖敲擊原壤叉開的雙腿說：「你幼年時不懂禮，長大了不成事，老而不死，是為賊。」（《論語・憲問》）人們願意相信《相鼠》是來自民間的「國罵」，或罵在上在位者，或罵一切秉權妄為該罵之徒──「人而無儀」、「人而無止」、「人而無禮」是仿借之「官話」，實則「人而無良」、「人而無節」、「人而無恥」。〔1〕原來「聖賢」智哲和草民百姓皆罵人，前者罵得得體，後者罵得深刻──於嬉笑怒罵中見得底層人心靈的天高雲淡，月白風清。

相鼠有皮，相：看。《毛傳》：「相，視也。」朱熹《集傳》：「言視彼鼠而猶必有皮，可以人而無儀乎？」**人而無儀。**儀：端正的操守；好的行為品德。《毛傳》：「無禮儀者，雖居尊位，猶為暗昧之行」《鄭箋》：「儀，威儀也。視鼠有皮，雖處高顯之處，偷食苟得，不知廉恥，亦與人無威儀者同。」**人而無儀，不死何為？**

相鼠有齒，人而無止，止：節制，指控制嗜欲和為所欲為之行。《毛傳》：「止，所止息也。」又，《鄭箋》：「止。容止。《孝經》曰：『容止可觀。』無止，則雖居尊，無禮節也。」**人而無止，不死何俟？**俟：等。《毛傳》：「俟，待也。」

相鼠有體， 體：身體。《毛傳》：「體，支（肢）體也。」**人而無禮。人而無禮，胡不遄死？** 遄：速，快。《毛傳》：「遄，速也。」遄音見《邶風·泉水》注。

〔1〕《說苑·建本》：「齊桓公問管仲曰：『王者何貴？』曰：『貴天。』桓公仰而視天，管仲曰：『所謂天者，非謂蒼蒼莽莽之天也；君人者以百姓為天，百姓與之則安，輔之則強，非之則危，背之則亡。』詩云：『人而無良，相怨一方』。民怨其上，不遂亡者，未之有也。」

鄘風·干旄

衛文公接手前 660 年遭狄人之難後的衛國，史遷《衛康叔世家》言其「輕賦平罪，身自勞，與百姓同苦，以收衛民……」《毛序》以之言：「《干旄》，美好善也。衛文公臣子多好善，賢者樂告以善道也。」朱熹《詩集傳》：「言衛大夫乘此車馬，建此旌旄，以見賢者，彼其所見之賢者，將何以畀之，而答其禮意之勤乎」——「經學家」們於先秦文獻中遍尋適合於君王之說者，《干旄》或相關政治，但文本中不見得半字是衛文公「好賢」、「好善」。春秋戰國，「人才」不一定就是「賢者」，「求賢若渴」多也是一種勢力和利益危機焦慮。（但「養士」成風在客觀上促進了「私學」的興起，歷史之微妙常常難以狀說）

孑孑干旄， 孑孑（jié）：干旄矗立之貌。《毛傳》：「孑孑，干旄之貌，注旄於干首。大夫之旃（zhān）也。」朱熹《集傳》：「孑孑，特出之貌。」干：通竿，旗竿。旄：上端飾有牛尾的旗。朱熹《集傳》：「干旄，以旄牛尾註於旗干之首而建之車後也。」以《左傳》敘寫，招賢納良，所招不同的人才，插起不同的旗子。《召公二十年》「旃以招大夫，弓以招士，皮冠以招虞人」。《孟子·萬章下》「曰：『敢問招虞人何以？』曰：『以皮冠，庶人以旃，士以旗，大夫以旌。以大夫之招招虞人，虞人死不敢往；以士之招招庶人，庶人豈敢往哉？』」旄音見《周南·螽斯》注。**在浚之郊。** 浚：衛國邑名。《毛傳》：「浚，衛邑。古者臣有大功，世其官邑。」郊：邑外謂之郊。參《周南·

兔罝》注。姚際恒《通論》：「郊、都、城，由遠而近也。」**素絲紕之**，素絲：白絲。紕（pí）：縫、綉。《毛傳》：「紕，所以組織也。」《鄭箋》：「素絲者以為縷，以縫紕旌旗之旒（liú）縿（shān），或以維持之。」旒為飾物，縿為旌旗正幅。朱熹《集傳》：「紕，織組也。蓋以素絲織組而維之也。」下二章「組」「祝」也皆不同的縫繫法。**良馬四之。**即良馬四匹（駕著車）。《鄭箋》：「浚郊之賢者，既識卿大夫旌而來，又識其乘善馬。四之者，見之數也。」下二章的「五之」「六之」，姚際恒《通論》：「『四』、『五』、『六』由少而多也，詩人章法自是如此，不可泥。以首章『四馬』為主，『五』『六』則從『四』陪說。不然，五馬起於漢，六馬起於秦，當時已有秦漢制耶？」又王念孫《疏證》：「四馬，大夫以備贈遺者。下文或五或六，隨所見言之，不專是自乘。」**彼姝者子，**姝：本義指美好。《毛傳》：「姝，順貌。」胡承珙《後箋》：「彼姝，似當指賢士。」按：以《邶風·靜女》「靜女其姝」、《鄭風·東方之日》「彼姝者子」，「姝」為女子之稱而非「賢者」。此或特定目標之借喻。**何以畀之？**畀：給予。《毛傳》：「畀，予也。」

孑孑干旟，干旟（yú）：上有鳥隼圖案的旗子。《春官·司常》：「掌九旗之物名，各有屬，以待國事。日月為常，交龍為旂，通帛為旃（zhān），雜帛為物，熊虎為旗，鳥隼為旟（yú），龜蛇為旐（zhào），全羽為旞（suì），析羽為旌。及國之大閱，贊司馬頒旗物：王建大常，諸侯建旂，孤卿建旃，大夫、士建物，師都建旗，州里建旟，縣鄙建旐，道車載旞，斿車載旌。」九種旗幟的形狀和名稱不同，以其旗面上的徽誌不同而各有類屬。**在浚之都。**都：近郊。《毛傳》：「下邑曰都。」陳奐《傳疏》：「周制，鄉遂之外置都鄙，都為畿疆之境名。」又陳啟源《稽古編》：「次章干旟與首章干旄、末章干旌，乃一人所建也。三章皆云在浚，是專論一人之事。蓋衛臣食邑於浚，當國之郊，而下邑曰都，城即都之城，一地而異其文耳。」**素絲組之，良馬五之。彼姝者子，何以予之？**

孑孑干旌，旌：《毛傳》：「析羽為旌。」朱熹《集傳》：「干旌，蓋析翟羽設於旗杆首也。」**在浚之城。**城：都城。陳奐《傳疏》：「凡諸侯封邑大

者，皆謂之都城也。」**素絲祝之，**祝：縫綴連繫的一種方法。《毛傳》：「祝，織也。」**良馬六之。彼姝者子，何以告之？**何以告之：即以何告之。牟庭《詩切》：「《廣雅》曰：『告，語也。』《玉藻》鄭注曰：『告，謂教示也。』」

鄘風・載馳

　　衛國作為周室中原地區的重要諸侯之一，武公時很強盛。但到其孫桓公時，州吁弒君自立；宣公時諸公子謀奪君位，惠公登基四年（前 696 年）即被逐往齊國，八年後（前 688 年）在齊襄公受周天子之命率諸侯討伐衛國的情況下方才復歸。惠公的兒子衛懿公即位後，玩物不理國政，九年（前 660 年）時狄人侵入，國人分散，露於漕邑，衛國經歷了一場生與死、存與亡的劇烈創痛。許穆夫人憫娘家宗國顛覆，自傷許國之小而力不能救，思歸唁之，作詩《載馳》。（《閔公二年》）〔1〕

　　「天下」混亂。當戰爭使生命不堪承受其重時，「陟彼阿丘」像一道憂傷而美麗的政治風景綫——無論是否成行、成行之結果如何，映照出的都是人性之底色；〔2〕作為中國文學史上的第一位女性詩人，衛國、許國兩輩「大夫君子」中的許穆夫人顯得風華絕代。〔3〕

　　載馳載驅，載：發語詞。《鄭箋》：「載之言，則也。」馳、驅：車馬馳驅。《孔疏》：「走（跑）馬謂之馳，策馬謂之驅。」**歸唁衛侯。**唁：《毛傳》：「弔失國曰唁。」《孔疏》：「昭二十五年，『公孫於齊，次於陽州。齊侯唁公於野井』。《穀梁傳》曰『弔失國曰唁。唁公不得入於魯』，是也。此據失國言之。若對，弔死曰弔，則弔生曰唁。」衛侯：《鄭箋》：「衛侯，戴公也。」《左傳・閔公二年》（前 660 年）：「立戴公以廬於曹。許穆夫人賦《載馳》。」但據史籍所紀，戴公立僅一月即死，文公即位，衛侯應是指文公。（胡承珙《後箋》有詳說）戴公、文公皆為昭伯頑和宣姜所生，當為許穆夫人之兄。**驅馬悠悠，**悠悠：路途悠長。朱熹《集傳》：「悠悠，遠而未至之貌。」**言至于漕。**言：語助詞，嗟「至於漕」。一說言，「而」。參《召南・草蟲》注引胡適說。漕：漕邑，衛國邑名。《毛傳》：「漕，衛東邑。」狄人侵衛，懿公死，衛亡。衛遺民七百三十人在宋桓公的幫助下渡過黃河，

加上共地、滕地的百姓五千多人擁立戴公為君，居野於漕邑。**大夫跋涉，**大夫：諸侯國國君之下有卿、大夫、士三級宗法性的官職，此指衛國大夫。亡國的衛大夫跋涉而來。《鄭箋》：「跋涉者，衛大夫來告難於許時。」《孔疏》：「夫人言己欲驅馳而往歸於宗國，以弔唁衛侯，故願御者馳馬悠悠然而遠行，我欲疾至於漕邑。我所以思願如是者，以衛大夫跋涉而告難於我。」一說「大夫」為許國大夫。朱熹《集傳》：「宣姜之女為許穆公夫人，閔衛之亡，馳驅而歸，將以唁衛侯於漕邑。未至，而許之大夫，有奔走跋涉而來者。夫人知其必將以不可歸之義來告，故心以為憂也。」（魏源《詩古微‧邶鄘衛問答》：「首章《箋》謂衛大夫跋涉來告難，勝於《集傳》指許大夫之說。夫人義不得歸唁，許大夫自當阻諸朝，豈候其行已遠，始跋涉追至乎？」）**我心則憂。**憂：憂慮，哀憐。《孔疏》：「我心則憂閔其亡，傷不能救，故且驅馳而唁之。」

既不我嘉，既：盡、都。《鄭箋》：「既，盡。」嘉：贊同。我嘉：即嘉我。《鄭箋》：「嘉，善也。」《左傳》紀許穆夫人自小聰智，聞於諸侯。時許國和齊國都曾向衛國求婚，許穆夫人曾意於齊而未願。「既不我嘉」應指不贊同當初許穆夫人適齊之主張。一說「既不我嘉」指許國大夫不贊同許穆夫人歸唁衛侯。《鄭箋》：「言許人盡不善我欲歸唁兄。」《孔疏》：「夫人既欲歸唁，而許大夫不聽，故責之云：汝許人盡不善我欲歸唁其兄，然不能旋反我心中之思，使不思歸也。」**不能旋反。**旋：迴旋。反：返回。指衛人不能返回衛都。**視爾不臧，**爾：你，你們。指衛國「跋涉」之大夫們。臧：善，正確。不臧，或指衛國當初將其嫁與許國的決定不善、不正確。**我思不遠。**思：思慮。遠：指離譜，不合實際。一說長遠、深遠。魏源《邶鄘衛答問》「次章言懿公議昏（婚）時，既不嘉許我言，以致今日喪亡，不能濟河而反（返）。在當日故視我謀之不臧矣，由今觀之，我思慮豈不遠且深乎？」王照圓《列女傳補注》：「怨先時不用其言，今日許果不能救衛也。」

既不我嘉，不能旋濟。濟：指渡過黃河返回衛國。朱熹《集傳》：「濟，渡也。」**視爾不臧，我思不閟。**閟（bì）：從「止」說，較與下章一、

二句相契。朱熹《集傳》：「閟，閉也、止也。言思之不止也」一說閟，閉塞。嚴粲《詩緝》：「閉塞，言不通也。」

　　陟彼阿丘，阿丘：一面偏高的土山。《釋名・釋丘》：「偏高曰阿丘。」**言采其蝱。**言：動詞詞頭。蝱（méng）：《毛傳》：「貝母也。」朱熹《集傳》：「主療鬱結之疾。」**女子善懷**，善懷：善於傷懷、憂思。《鄭箋》：「善猶多也。懷，思也。」**亦各有行。**行：道，道理，事理。朱熹《集傳》：「蓋女子所以善懷者，亦各有道。」**許人尤之**，許人：《鄭箋》：「許大夫也。」尤：抱怨，責怪，歸咎。（《左傳・昭公二十一年》「公飲之酒，厚酬之，賜及從者。司馬亦如之。張匄〔gài〕尤之，曰：『必有故』」，杜預注：「尤，怪賜之厚。」《論語・憲問》「不怨天，不尤人」）**眾穉且狂。**眾：指上句「許人」。朱熹《集傳》：「許國之眾人以為過，則亦少不更事而狂妄之人爾。」稚、狂：朱熹《集傳》：「非稚且狂也。但以其不知己情之切至，而言若是爾。」

　　我行其野，野：郊牧之外的田野。參《周南・兔罝》注。**芃芃其麥。**芃芃（péng）：狀麥茂盛貌。《毛傳》：「麥芃芃然方盛長。」魏源《邶鄘衛答問》：「麥以秋種，季冬則麥已苗，《詩》言『芃芃黍苗』，烏在此之『芃芃』，必謂麥秀而非麥苗乎？衛方喪亂，文告不能如期，詩即作於次年初春，或尚聞戴公之立，而不聞其卒，未可知也。《左氏》言『文公為衛之多難，先適齊，及敗，宋桓公逆諸河，宵濟。』是文公已從戴公於漕。」**控于大邦**，控：赴告，訴告。朱熹《集傳》：「控，持而告之也。」胡承珙《後箋》：「《一切經音義》卷九引《韓詩》云：『控，赴告。』赴謂赴告，《襄八年左傳》『無所控告』是也。……控告猶言投告也。」大邦：大的國邦，此當指齊國。**誰因誰極。**因：依靠。馬瑞辰《通釋》：「因，謂因人之力。此詩言知大國誰能力助之。」極：至。指帶兵援助。《毛傳》：「極，至也。」朱熹《集傳》：「歸途在野，而涉芃芃之麥，又自傷許國之小而力不能救，故思欲為之控告與大邦，而又未知其將何所因而何所至乎。」**大夫君子**，大夫君子：指許國之「大夫君子」。**無我有尤。**無：毋。有：又，引為再。無我有尤：即「有無尤我」，意即「再不要責難和反對我」。**百爾所思**，思：所思考的（意見）、主張。百爾所思，

即「爾百所思」。**不如我所之。**之：指代許穆夫人之「思」。朱熹《集傳》：「大夫君子，無以我為有過，雖爾所以處此百方，然不如使我得自盡其心之為愈也。」或曰之，往，去。王先謙《集疏》：「之，往也。……雖百爾之所思，不如我所往之為是也。」

〔1〕《毛序》：「《載馳》，許穆夫人作也。閔其宗國顛覆，自傷不能救也。衛懿公為狄人所滅，國人分散，露於漕邑。許穆夫人閔衛之亡，傷許之小，力不能救，思歸唁其兄，又義不得，故賦是詩也。」《鄭箋》：「滅者，懿公死也。君死於位曰滅。露於漕邑者，謂戴公也。懿公死，國人分散，宋桓公迎衛之遺民渡河，處之於漕邑，而立戴公焉。戴公與許穆夫人俱公子頑烝於宣姜所生也。男子先生曰兄。」

《左傳·閔公二年》紀許穆夫人為宣姜所生。據《桓公十六年》、《衛康叔世家》，宣姜與宣公生惠公朔，惠公生懿公；宣姜后又與其子朔的同輩昭伯頑生許穆夫人。以父系論，衛懿公是許穆夫人之兄；以母系論，宣姜是衛懿公的奶奶，衛懿公應稱許穆夫人為姑姑。春秋婚俗，《左傳》故事，以後世倫常論之似無意義。

又《列女傳·仁智篇》：「許穆夫人者，衛懿公之女，許穆公之夫人也。初許求之，齊亦求之，懿公將與許，女因其傅母而言曰：『古者諸侯之有女子也，所以苞苴玩弄，繫援於大國也。言今者許小而遠，齊大而近。若今之世，強者為雄。如使邊境有寇戎之事，維是四方之故，赴告大國，妾在，不猶愈乎！今捨近而就遠，離大而附小，一旦有車馳之難，孰可與慮社稷？』衛侯不聽，而嫁之於許。其後翟（狄）人攻衛，大破之，而許不能救，衛侯遂奔走涉河，而南至楚丘。齊桓往而存之，遂城楚丘以居。衛侯於是悔不用其言。當敗之時，許夫人馳驅而弔唁衛侯，因疾之，而作《詩》云：『載馳載驅，歸唁衛侯。驅馬悠悠，言至于漕。大夫跋涉，我心則憂，既不我嘉，不能旋反。視爾不臧，我思不遠。』君子嘉其慈惠而遠識也。」

〔2〕魏源《邶鄘衛答問》：「夫人在父母家，見衛不競，已抱漆室之憂，不恤周嫠之緯。迨國君淪喪，痛不戴天，成言不幸驗於前，同仇遂思賦於後，此春秋臣子所難能。」不競：不強，不振。漆室：春秋時魯國邑名。《列女傳·仁智篇》「魯漆室女」紀，魯穆公時，君老太子幼，國亂事急，漆室邑有少女倚柱而嘯，憂國憂民。不恤周嫠（lí）之緯：《左傳·昭公二十四年》：「嫠不恤其緯，而憂宗周之隕，為將及焉。」嫠，寡婦；緯，織布用的緯紗。謂寡婦不憂其緯綫不夠，卻憂慮宗周的衰落、滅亡會禍及自己。後因用為憂國忘家之喻。

〔3〕《左傳》數詠《載馳》。魯文公十三年（前 614 年）冬，文公前往晉國重溫盟約，返回的途中在棐（fēi）地會見了鄭穆公。鄭穆公請求文公出面使鄭晉兩國講和，宴請時鄭大夫子家吟誦《載馳》，取義「控于大邦，誰因誰極」，欲通過魯國而求援於晉國。

魯襄公十九年（前 554 年），齊國和晉國講和，在大隧結盟。為此魯國大夫穆叔（叔孫豹）在柯地會見了晉卿士匄（士匄即「范宣子」）。當見到晉大夫叔向（羊舌肸〔xī〕）時，穆叔吟誦了《載馳》一詩的第四章。叔向說：「我怎敢不聽您的命令呢？」強國的口氣深淺難測。穆叔回到魯國說，齊國還會不停地侵略我們，不能放鬆警惕。

……

衛風·淇奧

衛康叔九世孫衛武公（約前 852 年～前 758 年），曾輔佐周天子平定犬戎，入周平王卿士。史傳稱其執政期間「修康叔之政，百姓和集」（《衛康叔世家》）。《左傳·昭公二年》「（晉大夫韓宣子）自齊聘於衛，衛侯享之。北宮文子賦《淇澳》，杜預注：「言宣子有武公之德。」《楚語上》引楚國史官倚相說，武公年九十有五，猶箴儆國人曰：「自卿以下至於師長（韋昭注：「師長，大夫」）士，苟在朝者，無謂我老耄而捨我，必恭恪於朝，朝夕以交戒我；聞一二之言，必誦志而納之，以訓導我。」衛武公的形象顯然被放大和神化了——儒家一種期望「良君」、「良臣」之心願。《毛序》：「《淇奧》，美武公之德也。有文章，又能聽其規諫，以禮自防，故能入相於周，美而作是詩也。」

或「美」衛武公，或「美」任何衛君或特定者——權力之下，任何時代都會出現登峰造極的頌諛之詞，任何時代都不乏投機者，不乏激情四射、才華橫溢者，不乏「沒有骨氣的文人」。

瞻彼淇奧，瞻：往前看，望去。淇：淇水。奧：水岸彎曲處。《毛傳》：「奧，隈（wēi）也。」奧音見《邶風 鄘風 衛風》注。隈，山水彎曲的地方。陳奐《傳疏》：「淇隈，謂其水深曲處也。」又王夫之《稗疏》：「《後漢書》注引《博物記》曰：『有奧水流入淇水』，則奧亦水名，非水之曲也。又曰：『奧水有綠竹草』，正與經合。綠竹非竹也，二草名也。……淇、奧非一水，綠、竹非一草，且皆草而非竹，好生水旁。若竹，則生必於山麓原岸，非水曲間

物。」**綠竹猗猗**。猗猗（yī）：《毛傳》：「美盛貌。武公質美德盛，有康叔之餘烈。」康叔，周武王弟，武王克商後，初封於康，周公滅武庚後，將殷民七族和商故都周圍地區封之於康叔，國號衛。殷民七族即陶氏、施氏、繁氏、錡氏、樊氏、饑氏、終葵氏。見《左傳·定公四年》、《衛康叔世家》。《易林·坤之巽》有「白駒生芻，猗猗盛姝。赫喧君子，樂以忘憂」句。**有匪君子**，匪：斐的借字。《禮記·大學》引作「有斐君子」。有斐：即斐斐。指才華斐然出眾。**如切如磋，如琢如磨**。切、磋、琢、磨：古代將骨、角、玉、石加工成器物的不同技法。《毛傳》：「治骨曰切，象曰磋，玉曰琢，石曰磨。道其學而成也。聽其規諫以自修，如玉石之見琢磨也。」此喻探究事理學問。《荀子·大略篇》：「人之於文學也，猶玉之於琢磨也。」**瑟兮僩兮**，瑟：莊重嚴肅貌。《毛傳》：「瑟，矜莊貌。」僩：威武貌。朱熹《集傳》：「僩，威嚴貌。」僩音見《邶風·簡兮》注。**赫兮咺兮**。赫：光鮮貌。咺（xuān）：宣之借字，指威儀顯然。陸德明《釋文》：「《韓詩》作宣。宣，顯也。」**有匪君子，終不可諼兮**。終：始終，永遠。諼：萱的假借字，傳說萱草食之而忘憂。《毛傳》：「諼，忘也。」《衛風·伯兮》四章有「焉得諼草」之句。馬瑞辰《通釋》：「《說文》：『藼（xuān），令人忘憂之草。或從煖（xuān）作蕿（xuān），或從宣作萱。』引《詩》『安得藼草』。今《毛詩》作『諼草』，諼即藼及蕿、萱之假借。是知凡《詩》作諼、訓忘者，皆當為藼及蕿、萱之假借。若諼之本義，自為詐耳。」諼音見《召南·草蟲》注。

瞻彼淇奧，綠竹青青。有匪君子，充耳琇瑩，充耳：掛在冠冕兩旁的飾物，用玉製成，下垂到耳，也稱「瑱」，《君子偕老》「玉之瑱也」。琇：玉石。瑩：晶瑩。《毛傳》：「充耳謂之瑱。琇瑩，美石也。天子玉瑱，諸侯以石。」**會弁如星**。會（kuài）：皮冠兩合相縫之處。馬瑞辰《通釋》：「凡兩縫相合處為會，弁縫謂之會，猶墻隙謂之壁會也。」弁（biàn）：「貴族」男子穿禮服時戴的皮冠。如星：《鄭箋》：「弁之縫中，飾之以玉，皪皪（lì）而處，狀似星也。」皪，明亮，鮮明。**瑟兮僩兮，赫兮咺兮。有匪君子，終不可諼兮**。

瞻彼淇奧，綠竹如簀。 簀（字音 zé，竹席。此讀 jí）：同「積」，累積。《毛傳》：「簀，積也。」陳奐《傳疏》：「積，鬱積。謂綠竹鬱然其茂積也。」張衡《西京賦》有「嘉木樹庭，芳草如積」句。**有匪君子，如金如錫，** 金：當指青銅。聞一多《類鈔》：「金即銅。」錫：《毛傳》：「金錫煉而精。」朱熹《集傳》：「言其鍛鍊之精純。」**如圭如璧。** 圭：玉製禮器，長條形。天子、諸侯在舉行重要儀式時所用。璧：平圓形、正中有孔的玉製禮器。《毛傳》：「圭璧性有質。」朱熹《集傳》：「言其生質之溫潤。」**寬兮綽兮，** 寬：寬宏。綽：寬柔。《毛傳》：「寬能容眾。綽緩也。」朱熹《集傳》：「寬，宏裕也。綽，開大也。」寬兮綽兮：意即寬厚溫雅。**猗重較兮。** 猗：「倚」之借，依靠。陸德明《釋文》：「猗，於綺反，依也。」重（chóng）較：車廂兩旁可憑依的木板稱輢（yǐ），輢上作扶手用的曲木稱作較。馬瑞辰《通釋》：「車較上更飾以曲鉤，若重起者然，是為重較。《毛傳》：「重較，卿士之車。」《孔疏》：「《輿人》注云：『較，兩輢上出軾（shì）者。』則較謂車兩傍，今謂之平較。」見《考工記》。軾，車廂前面用作扶手的橫木。**善戲謔兮，** 戲謔（xuè）：指風趣。**不為虐兮。** 虐：刻薄。《毛傳》：「寬緩弘大，雖則戲謔，不為虐矣。」《鄭箋》：「君子之德，有張有弛，故不常矜莊，而時戲謔。」

衛風‧考槃

「賢人避世首先是隱居，其次是逃避到另一個地方去，再次是避開某些人難看的臉色，最後是迴避某些人難聽的話。」孔子憂傷地說，「這樣做的已經有七個人了。」這七個人是伯夷、叔齊、虞仲、夷逸、朱張、柳下惠、少連。（《論語‧憲問》《微子》）

商末孤竹君之二子伯夷、叔齊的故事世人皆知，虞仲是周太王古公亶父之，與其兄太伯未聽父命一同出走，所以沒有嗣位。（《左傳‧僖公五年》）夷逸、朱張、少連三人身世無考，唯魯國大夫柳下惠《左傳》、《國語》、《論語》、《孟子》、《荀子》、《呂氏春秋》等皆有紀。〔1〕「直道而事人」的柳下惠究竟緣何隱遁史載語焉不詳，孔子說「知柳下惠之賢而不與立也」，慨歎「邦有道則仕，邦無道則可卷而懷之」。

到其後戰國時期的莊子時，他於這個世界有了「清靜無為」的認知和感悟，卻心事浩茫連廣宇。「我與若不能相知也」「我與若與人俱不能相知也」，「於無何有之鄉，廣莫之野」是莊子的心境。（《齊物論》、《逍遙遊》）「莊子眼極冷，心腸最熱。眼冷，故是非不管；心腸熱，故感慨萬端。雖知無用，而未能忘情，到底是熱腸掛住；雖不能忘情，而終不下手，到底是冷眼看穿。」（胡文英《莊子獨見》）思想家兼文章家的莊子看似超脫，實則於世最是深情，哀怨天下、萬世而到底不能「心無掛礙」。〔2〕詩中的「碩人」，大概比莊子要早先二百到三百年，但他們卻是屬於同一精神譜系。

考槃在澗，考：成，建成，落成。《毛傳》：「考，成。」《左傳・隱公五年》：「九月，考仲子之宮，將萬焉。」譯成今文即：「九月，仲子廟落成，（舉行祭典之禮），準備演出萬舞。」或曰考，敲。朱熹《集傳》引陳氏說：「考，扣也。槃（pán），器名。蓋扣之以節歌，如鼓盆拊缶之為樂也。」（陳氏指南宋陳傅良，著有《毛詩解詁》等）槃：以木成屋。朱熹《集傳》：「言成其隱處之室也。」方玉潤《原始》：「槃，黃氏一正曰：『槃者，架木為屋，盤結之義也。』」見黃一正《事物紺（ɡàn）珠》。澗：《毛傳》：「山夾水曰澗。」**碩人之寬。**碩人：「碩人」《詩》中數見，意高大俊美之人。王先謙《集疏》：「古人碩美二字為讚美男女之統詞，故男亦稱美，女亦稱碩。」寬：寬懷。嚴粲《詩緝》：「窮處山澗之中，而成其槃樂者，乃是碩大之賢人，其心甚寬裕，雖在寂寞之濱，而無枯瘁之色，戚戚之意。《易》所謂『肥遁』也。」按：《易・遁》「遁，亨」，孔穎達疏：「『遁』亨者，遁者，隱退逃避之名……君子當此之時，若不隱遁避世，即受其害。須遁而後得通，故曰『遁亨』。」《彖》曰：「『遁亨』，遁而亨也。」王弼注：「遁之為義，遁乃通也。」孔穎達疏：「『遁而亨』者，此釋遁之所以得亨通之義。小人之道方長，君子非遁不通，故曰：『遁而亨也』。」《象》曰：「天下有山，遁。君子以遠小人，不惡而嚴。」孔穎達疏：「君子當此遁避之時，小人進長，理須遠避，力不能討，故不可為惡，復不可與之褻瀆，故曰『不惡而嚴』。」爻「上九」曰：「肥遁，无不利。《象》曰『肥遁无不利』，無所疑也。」王弼注：「最處外極，無應於內，超然絕志，心無疑顧，憂患不能累，矰繳（引按：繳音 zhuó，生絲縷。矰音 zēng，結繳

於矢謂之矰）不能及，是以『肥遁无不利』也。」孔穎達疏：「子夏傳曰：『肥，
饒裕也。』……上九最在外極，無應於內，心無疑顧，是遁之最優，故曰『肥
遁』。遁而得肥，無所不利，故云『无不利』也。」朱熹《集傳》：「賢者隱處
澗谷之間，而碩大寬廣，無戚戚之意。」**獨寐寤言，**嚴粲《詩緝》：「既寐
而寤，既寤而言，皆獨自耳。」**永矢弗諼。** 矢：誓。弗諼：不忘，即不忘
山中之樂。《鄭箋》：「諼，忘也。」《集傳》：「雖獨寐而寤言，猶自誓其不忘
此樂也。」參《淇奧》注。

考槃在阿， 阿：彎曲的山坡。**碩人之薖。** 薖（kē）：義同上章「寬」。
《毛傳》：「薖，寬大貌。」黃焯《平議》：「此薖即『過』字，加『草』者，
取別於下文之『過』。阮元《揅經室文集》有云：『凡詩中有同字相併為韻者，
即改一假借字當之，此詩人義同字變之例也。毛訓薖為『寬大貌』，意即『薖』
為『過』。《說文》：『過，度也。』『度』讀為『度越群倫』之度，故引申為寬
義。』或曰薖為窠的假借字，茅屋。姚際恒《通論》：「李氏曰：『薖』與『窩』
同，因阿而言窩，見其為斂藏之處也。」但訓「薖」為「窠」，似於「槃」重
複。**獨寐寤歌，永矢弗過。** 過：逾越。《玉篇》：「過，度也，越也。」
朱熹《集傳》：「永矢弗過，自誓所願不逾於此，若將終身之意也。」

考槃在陸， 陸：高而平坦之地。朱熹《集傳》：「高平曰陸。」見《爾
雅·釋地》。**碩人之軸。** 軸：寬舒。《毛傳》：「軸，進也。」黃焯《平議》：
「《釋詁》云：『迪，進也。』《傳》蓋以軸為『迪』，其訓『進』，當為進展
之義，進展與『寬舒』義近。」或曰軸為盤桓、盤旋之意。朱熹《集傳》：「軸，
盤桓不行之意。」姚際恒《通論》：「軸，車軸也，軸以運車，取義盤旋之於
其中也。」**獨寐寤宿，永矢弗告。** 弗告：《毛傳》「無所告語也。」朱
熹《集傳》：「弗告者，不以此樂告人也。」黃焯《平議》：「（歐陽修）《詩本
義》云：『自得其樂，不可妄以語人也。』又云：『三永矢句皆詩人形容其高
舉遠遁，有終焉之志，賢者不自言其如此。』焯謂歐公此說，深得詩人之旨。」

〔1〕見《僖公二十六年》、《文公二年》、《魯語上》、《衛靈公》、《微子》、《萬章下》、《大略》、《審己》。《烈女傳·賢明傳》：「柳下惠處魯，三黜而不去，憂民救亂。妻曰：『無乃瀆乎！君子有二恥，國無道而貴，恥也；國有道而賤，恥也。今當亂世，三黜而不去，亦近恥也。』柳下惠曰：『油油之民，將陷於害，吾能已乎？且彼為彼，我為我。彼雖裸裎（引按：裎音 chéng，裸裎，身體裸露），安能污我？』油油然與之處，仕於下位。柳下既死，門人將誄之。妻曰：『將誄夫子之德耶？則二三子不如妾知之也。』乃誄曰：『夫子之不伐兮！夫子之不竭兮！夫子之信，誠而與人無害兮！屈柔從俗，不強察兮！蒙恥救民，德彌大兮！雖遇三黜，終不蔽兮！愷悌君子，永能厲兮！嗟乎惜哉，乃下世兮！庶幾遐年，今遂逝兮！嗚呼哀哉，魂神泄兮！夫子之謚，宜為惠兮。』門人從之，以為誄，莫能竄一字。」

〔2〕《莊子獨見》：「莊子最是深情，人第知三閭之哀怨，而不知漆園之哀怨有甚於三閭也。蓋三閭之哀怨在一國，而漆園之哀怨在天下；三閭之哀怨在一時，而漆園之哀怨在萬世。」漆園，指莊子，曾為漆園吏。三閭，指屈原，曾任楚國三閭大夫。《史記·屈原列傳》裴駰集解：「《離騷序》曰：『三閭之職，掌王族三姓，曰昭、屈、景，序其譜屬，率其賢良，以屬國士。』」即掌管三大姓宗族事務。屈原之格局與莊子無相比。

衛風·碩人

以《左傳·隱公三年》、《邶風·燕燕》之毛、鄭說，衛莊姜的命運不免讓人唏噓。《毛序》：「《碩人》，閔（憫）莊姜也，莊公惑於嬖妾，使驕上僭（引按：僭音 jiàn，冒用名位超越本分）。莊姜賢而不（見）答，終以無子，國人閔而憂之。」《邶風》中的《綠衣》、《日月》、《終風》，《毛序》皆認為「衛莊姜傷己也」〔1〕——經學家也懂得文學的「悲劇意識」效應，設定「將人生有價值的東西毀滅給人看。自是，「歷史」於莊姜者每每傷感不已。

清人提出了質疑。姚際恒說詩《序》是據《左傳》附會而成，詩中並無閔意，〔2〕驚歎《碩人》「千古頌美人者無出其右，是為絕唱」；方玉潤也說詩的二章「千古頌美人者無出此二語」（當是「巧笑倩兮，美目盼兮」），嘖嘖賞羨者數萬千……其實作為「觀念」的「經學」歷史之真實與否無關緊要，《左傳》也算不得是歷史——「文學」置身其間反倒很鮮明。

　　碩人其頎，碩：高大美麗。碩人，此指莊姜。頎（qí）：身材修長。《毛傳》：「頎，長貌。」《鄭箋》：「言莊姜儀表長麗俊好頎頎然。」**衣錦褧衣。**句首衣字，作動詞「穿衣」解。錦：有彩紋之絲織品。《毛傳》：「錦，文衣也。」褧（jiǒng）：用麻紗做的罩衣。意女子錦衣之上，復加褧衣。又《鄭箋》：「褧，襌（dān）也。國君夫人翟衣而嫁，今衣錦者，在塗（途）之所服也。尚之以襌衣，為其文之大著。」襌，單衣，引為單層者。《禮記·玉藻》「襌為絅（jiǒng 褧）」，鄭玄注：「絅，有衣裳而無裏。」**齊侯之子，**齊侯：指齊莊公。**衛侯之妻。**衛侯：指衛莊公。**東宮之妹，**東宮：指齊太子得臣。朱熹《集傳》：「東宮，太子所居之宮。齊太子得臣也。」**邢侯之姨，**邢侯：邢國國君。邢國也為周得「天下」最初封分的姬姓諸侯國，始封君為周公之子。姨：妻妹或妻姊。《毛傳》：「妻之姊妹曰姨。」《爾雅·釋親》：「妻之姊妹同出為姨。」**譚公維私。**譚：諸侯國。前 684 年為齊國所滅。《春秋·莊公十年》「冬，十月，齊師滅譚。譚子奔莒」，杜預注：「譚國在濟南平陵縣西南。」《後漢書·郡國志》「東平陵有鐵，有譚城」，李賢等注：「故譚國。」維：助詞。私：女子稱姊妹的丈夫為私。《爾雅·釋親》：「女子謂姊妹之夫為私。」

　　手如柔荑，柔荑：初生的柔嫩細潤的白茅。朱熹《集傳》：「茅之始生曰荑，言柔而白也。」荑音見《邶風·燕燕》注。參《邶風·靜女》「自牧歸荑」注。**膚如凝脂。領如蝤蠐，**領：頸。蝤蠐：天牛之幼蟲。《孔疏》：「蝤蠐白而長，故以比頸。」**齒如瓠犀。**瓠犀：瓠瓜子。朱熹《集傳》：「瓠犀，瓠中之子，方正潔白，而比次整齊也。」**螓首蛾眉，**螓：蟬的一種，體較小。朱熹《集傳》：「螓，如蟬而小，其額廣而方正。」蛾：蠶蛾。《集傳》：「蛾，蠶蛾也。其眉細而長曲。」蝤蠐、瓠、螓字音見《靜女》注。**巧笑倩兮，**倩：嘴角與腮頰妍美貌。《古詩十九首》「願得常巧笑，攜手同車歸」。**美目盼兮。**盼：目流盼而動貌。《論語·八佾》引「巧笑倩兮，美目盼兮」，馬融注：「盼，動目貌。」皇侃《論語集解義疏》：「目美而貌盼盼然也。」

碩人敖敖，敖敖：身材高大修長。《毛傳》：「敖敖，長貌。」《鄭箋》：「敖敖，猶頎頎也。」**說于農郊。**說：通「稅」，停息。《毛傳》：「說，舍也。」農：《毛傳》：「農郊，近郊。」參《鄘風·定之方中》注。**四牡有驕，**四牡：駕車的四匹雄馬。牡：與牝相對。有驕：即驕驕，驕健貌。《說文》：「馬高六尺為驕。」一說馬高七尺為騋，八尺為龍。參《定之方中》注。**朱幩鑣鑣，**朱幩（fén）：幩，從巾，纏在馬口兩旁的鑣上的朱帛。《毛傳》：「幩，飾也。人君以朱纏鑣，扇汗，且以為飾。」《集傳》：「幩，鑣飾也。」鑣鑣（biāo）：鑣為勒馬之具，與銜（橫在馬口中用以抽勒的鐵，兩截略彎而以小環銜而成之）合用，銜在馬口內，鑣在兩旁。此處鑣鑣名詞疊連用作形容詞，四馬排行而八鑣，形容馬飾盛美。朱熹《集傳》：「鑣者，馬銜外鐵……鑣鑣，盛也。」**翟茀以朝。**翟：長尾的野雞。茀（fú）：遮蔽車廂的竹席或葦席。《毛傳》：「翟，翟車也。夫人以翟羽飾車。茀，蔽也。」《孔疏》：「婦人乘車不露見，車之前後設障以自隱蔽，謂之茀，因翟羽為之飾。」朝：朝見。指莊姜見衛莊公。或曰「朝」指 朝廷、王宮。**大夫夙退，**夙退：早早退下。**無使君勞。**君：指衛君，即衛莊公。或曰「君」即「小君」，指「碩人」衛莊公夫人莊姜。勞：勞倦。

河水洋洋，河：指黃河。洋洋：水盛大貌。《毛傳》：「洋洋，盛大也。」**北流活活。**北流：向北流。活活：水流之聲。《說文》：「活，水流聲。」齊、衛於河一東一西，齊經衛須經渡黃河。**施罛濊濊，**施：施設。罛（gū）：魚網。《毛傳》：「罛，魚罟。」罟（gǔ）：網。濊濊（huò）：拋撒魚網入水之聲。《毛傳》：「濊濊，施之水中。」《集傳》：「濊濊，罛入水聲也。」**鱣鮪發發，**鱣（zhān）：鯉之大者。陳奐《傳疏》：「鱣即三十六鱗之鯉，此渾言之也。……其大者則為鱣。」鮪（wěi）：鯉魚的一種。朱熹《集傳》：「鮪似鱣而小，色青黑。」發發（bō）：收網時魚不得脫，眾多擺動其尾而發出的聲音。《韓詩外傳》引作「鱍鱍（bō）」，《呂氏春秋·季春紀》高誘注引作「潑潑」。**葭菼揭揭。**葭：蘆葦。《毛傳》：「葭，蘆。」《說文》：「葭，葦之未秀者。」秀，開花。菼（tǎn）：荻葦。《毛傳》：「菼，薍（wàn）也。」《陸疏》：「薍，或謂之

获，至秋堅成，則謂之萑。」萑音見《周南・漢廣》注。《爾雅・釋草》「菼，
薍」，郭璞注：「似葦而小，實中。」揭揭：長貌。《毛傳》：「揭揭，長也。」
又《說文》：「揭，高舉也。」**庶姜孽孽**，庶姜：庶，眾多。姜：姜姓，指
陪從莊姜的姜姓女子們。《鄭箋》：「庶姜，謂姪娣。」參《邶風・泉水》注。
孽孽：指隨嫁女子們服飾之華盛。《毛傳》：「孽孽，盛飾。」**庶士有朅**。庶
士：莊姜的齊國隨從。《毛傳》：「庶士，齊大夫送女者。」有朅（qiè）：即朅
朅。《毛傳》：「朅，武壯貌。」

〔1〕《毛序》：「《綠衣》，衛莊姜傷己也。妾上僭，夫人失位而作是詩也。」「《日
月》，衛莊姜傷己也。遭州吁之難，傷己不見答於先君，以至困窮之詩也。」「《終風》，
衛莊姜傷己也。遭州吁之暴，見辱慢而不能正也。」

〔2〕《詩經通論》：「詩中無閔意，此徒以莊姜后事論耳；安知莊姜初嫁時何嘗
不盛，何嘗不美，又安知莊公何嘗不相得而謂之『閔』乎！《左傳》云，『初，衛莊
公娶於齊東宮得臣之妹，曰莊姜，美而無子，衛人所為賦《碩人》也』，亦但謂《碩
人》之詩為莊姜詠。其云『無子』，亦據後事為說，不可執泥。小序蓋執泥《左傳》
耳；大序謂『終以無子』，尤襲《傳》顯然。」按：各篇序文首一二句有稱「小序」、
「古序」、「前序」者，首句以下的話稱「大序」或「後序」。

衛風・氓

「惟王建國，辨方正位，體國經野，設官分職，以為民極。」（《周禮》）
鄉遂制度下，〔1〕「國」「野」形成了多元社會結構。被稱為「甿」、〔2〕「氓」
或「野民」「野人」的「六遂」居民，其身份和地位要比「六鄉」地區的居民
「國人」要低得多。「六鄉」居民擔負國家軍賦、兵役，他們可以參與政治，
有接受教育的權利，也有被選拔的可能和機會。而「野人」則主要是農耕、
畜牧等在野生產的擔當者。因為宗族血緣的遠離，他們甚至沒有服役參軍作
戰和保衛國家的權利，所謂「師田、行役、移執事」〔3〕之「師」也只是隨從
由「國人」組成的正式軍隊力役而已，更多的時候只能是在離王城和國都遙
遠的田野上勞作，受治於屬於統治階層的「國人」，《孟子・滕文公》所言「無
君子莫治野人，無野人莫養君子」者。

　　然則詩中事是發生在「六鄉」之「國人」之間呢，還是「六遂」之「野人」之間呢？如果是前者，「氓」或為一種帶有調侃意味的愛稱；如果是後者，以「野人」龐大群體的社會階層屬性和地位，決定其是不可能接受到所謂「六德」、「六行」、「六藝」（《地官・大司徒》）之教育的，作為女性的主人公也就不可能寫出如此抒情性極強的敘事詩來，互稱其「氓」也有悖常理。

　　《周禮》載「六鄉」的社會組織結構是「五家為比，使之相保；五比為閭，使之相受；四閭為族，使之相葬；五族為黨，使之相救；五黨為州，使之相賙（引按：賙音 zhōu，周濟，救濟）；五州為鄉，使之相賓」（《地官・大司徒》）。而「六遂」則為「五家為鄰，五鄰為里，四里為酇（zàn），五酇為鄙，五鄙為縣，五縣為遂，皆有地域，溝樹之」（《遂人》）。「六鄉」帶有明顯的血緣關係和氏族組織之性質，「六遂」則僅僅是地域和居鄰關係。周代「取妻不取同姓」（《禮記・曲禮上》、《坊記》），禁止族內通婚，認為「男女同姓，其生不蕃」（《左傳・僖公二十三年》），「同姓不婚，惡不殖也」（《晉語四》），「內官不及同姓，其生不殖」（《左傳・昭公元年》。內官，姬姜），《禮記・大傳》並紀「繫之以姓而弗別，綴之以食而弗殊，雖百世而昏姻不通者，周道然也」。詩中的女子很可能是「六鄉」之居民「國人」，而「氓」則是「六遂」之野人——這將使人產生一種十分有趣的聯想，同時也認為《氓》詩產生的時間至少不會早於春秋中期。

　　似乎從一首「風」詩的視野看到了一番景象——春秋時期社會制度和社會格局的大變動，使社會階層之間、群體之間、人與人之間的位置和身份界限被打破了。當孔子痛心疾首「禮崩樂壞」和「天下無道」時，事實上正是一個生機勃勃新的時代之開始。

氓之蚩蚩，氓（méng）：《唐石經》作「甿（méng）」。郊野之民，即與「國人」相對而言的以耕作、勞役為主「野人」、「野民」。《說文》：「甿，田民也。」「氓，民也。」孫詒讓《周禮正義》：「民為兆民、四民之通稱，甿、氓字通，並為田野農民之專稱，故《說文》訓甿為民。田必在野，故《國策・秦策》高注云：『野民曰氓』。《孟子・滕文公篇》趙云：『氓，野人之稱。』田野必在國外，故此經六遂以外之民稱氓。」蚩蚩（chī）：《毛傳》：「蚩蚩者，敦厚之貌。」《集傳》：「蚩蚩，無知之貌。蓋怨而鄙之也。」（朱熹的解釋是

生動的）**抱布貿絲**。布：馬瑞辰《通釋》：「布與絲對言，宜為布帛之布。《鹽鐵論·錯幣》篇曰：『古者市朝而無刀幣，各以其所有易所無，抱布貿絲而已。』正訓布為布帛。」王夫之在《稗疏》中從《毛傳》認為「布」即「幣」也。引《周禮》鄭注和《管子》論「布」即幣，可備一說。但以「氓」之身份地位而言，持「幣」的可能性不大。**匪來貿絲**，匪：非。**來即我謀**。即：《鄭箋》：「即，就也。此民非來買絲，但來就我，欲與我謀為室家也。」即婚事。**送子涉淇**，子：你。淇：淇水。**至于頓丘**。頓丘：即「敦丘」。《爾雅·釋丘》「丘，一成為敦丘，再成為陶丘，再成銳上為融丘，三成為崑崙丘」，邢昺疏：「成，重也。言丘上更有一丘相重累者名敦丘。《詩·衛風·氓》篇云：『送子涉淇，至于頓丘。』是也。」又《釋名·釋丘》：「丘一成曰頓丘，一頓而成，無上下大小之殺也。」《鄭箋》：「言民誘己，己乃送之，涉淇水至頓丘，定室家之謀，且為會期。」**匪我愆期**，愆：拖延，錯過。《毛傳》：「愆，過。」愆音見《邶風·北風》注。**子無良媒**。媒：媒人。《鄭箋》：「良，善也。非我心欲過子之期，子無善媒來告期時。」**將子無怒**，將（qiāng）：請，願。《毛傳》：「將，願也。」《鄭箋》：「將，請也。」陳奐《傳疏》：「請者，語氣直；願者，語氣曲。」**秋以為期**。秋以為期：即以秋天為期。

乘彼垝垣，乘：登上。垝垣（guǐyuán）：毀壞破頹的土墻。朱熹《集傳》：「垝，毀；垣，墻也。」于省吾在《新證》中認為「垝垣」即「高垣」，不同意「毀垣」之說：「若曰毀垣，垣既毀未可言乘，乘之亦未必可望復關也。」其實《毛傳》和《集傳》言「垝」為「毀」，是說破損毀壞的意思，並非指全部毀掉。殘垣也有高處，「乘」之是可望「復關」的。**以望復關**。復關：朱熹《集傳》：「男子之所居也。」又陳奐《傳疏》：「復，反也，猶來也。關，衛之郊關也。」以「邑外謂之郊，郊外謂之牧，牧外謂之野」和當時「國」「野」之分以及蚩蚩之氓的身份看，陳氏的解釋應該是有道理的。**不見復關**，見（xiàn）：同「現」。「不見復關」指蚩蚩之氓未現於復關。**泣涕漣漣。既見復關，載笑載言**。載：乃，則。《鄭箋》：「則笑則言，喜之甚。」**爾卜爾筮**，爾：你。卜：火灼龜甲以其裂紋占吉凶。筮（shì）：用蓍（shī）草占

卦。《禮記·曲禮上》：「卜筮不過三，卜筮不相襲。龜為卜，蓍為筮。」襲，重複。**體無咎言**。體：卦體。指卜、筮占卦龜蓍所示結果。《毛傳》：「體，兆卦之體。」咎言：不吉的解卦之語。《鄭箋》：「兆卦之繇（yáo），無凶咎為辭。」繇通「謠」。**以爾車來，以我賄遷**。賄：財物，此指嫁妝。「以我賄遷」即「以遷我賄」之倒句。

桑之未落，桑：桑樹葉。**其葉沃若**。沃若：沃然，潤澤貌。《毛傳》：「沃若，猶沃沃然。」**于嗟鳩兮**，于：同「吁」。參《周南·麟之趾》注。鳩：鳥名，斑鳩。《毛傳》：「鳩，鶻（gǔ）鳩也。食桑葚過則醉而傷其性。」**無食桑葚**。桑葚（shèn）：桑的果實。**于嗟女兮，無與士耽**。士：此指男子。耽（dān）：沉溺（於歡樂）。《毛傳》：「耽，樂也。」陳奐《傳疏》：「凡樂過其節謂之耽。」**士之耽兮，猶可說也**。說：音義同「脫」，擺脫。**女之耽兮，不可說也**。

桑之落矣，其黃而隕。隕：落下。《毛傳》：「隕，隋（墮）也。」陳奐《傳疏》：「其黃而隕，言黃且隕也。」「桑之落矣，其黃而隕」，潛詞即「時光又已是落葉凋零的季節了」。**自我徂爾**，徂（cú）：往，到。爾：你（處、室）。**三歲食貧**。三歲：三年。「三」在這裡既可能是實指，也可能是泛指多年的虛數。食貧：食，受。食貧，即受窮。馬瑞辰《通釋》：「食貧，猶居貧。」**淇水湯湯**，湯湯（shāng）：水盛大貌。**漸車帷裳**。漸：浸濕。陸德明《釋文》：「漸，漬也，濕也。」王先謙《集疏》：「此婦更追溯來迎之時，秋水尚盛，已渡淇徑往，帷裳皆濕，可謂冒險，而我不以此自阻也。」帷裳：帷，帳；裳，裙。車廂四周之圍帛，起裝飾作用。《毛傳》：「帷裳，婦人之車也。」《孔疏》：「以帷障車之傍，如裳以為容飾，故或謂之帷裳。」**女也不爽**，爽：差錯。《毛傳》：「爽，差也。」**士貳其行**。貳：不專一。**士也罔極**，罔：無。極：準則。罔極：無準測，不可測知。《毛傳》：「極，中也。」《孔疏》：「士也行無中正，故二三其德。」陳奐《傳疏》：「罔，無也。罔中（極），即二三之意。」**二三其德**。二三其德：即前后德行不一。

三歲為婦，靡室勞矣。靡：無。室勞，室家之勞。靡室勞矣：即無以室勞為苦累，任勞任怨。《鄭箋》：「靡，無也。無居室之勞，言不以婦事見困苦。」**夙興夜寐，靡有朝矣。**靡有朝矣：即沒有日子，指日復一日。**言既遂矣，**言：助詞，有「終於」「總算」之嗟歎語氣。一說言，乃。參《周南‧葛覃》注。既：已經，引為「能夠」「可以」。遂：成，指家居有成。**至于暴矣。**暴：暴虐。**兄弟不知，咥其笑矣。**咥：大笑貌。音見《邶風‧柏舟》注。其，助詞，相當於「然」。《毛傳》：「咥咥然笑。」《鄭箋》：「若其知之，則咥咥然笑我。」**靜言思之，**言：形容詞詞尾，然。一說言，「而」。參《召南‧草蟲》注引胡適說。**躬自悼矣。**躬：自身，自己。悼：傷心。〔4〕

及爾偕老，及：與。**老使我怨。**怨：怨恨。姚際恒《通論》：「言汝曾言『及爾偕老』，今皆老之說徒使我怨而已。」「及爾偕老，老使我怨」，今語即「本打算和你白頭偕老，不承想偕老之願卻使我如此怨恨和悔懊」。**淇則有岸，隰則有泮。**隰：低濕之地。陳奐《傳疏》：「隰者下濕，其邊高之處謂之阪，亦謂之陂，阪亦涯岸之異名。下濕之有陂，猶淇水之有岸也。」參《邶風‧簡兮》注。泮：同「畔」，涯，岸。《鄭箋》：「泮讀為畔。畔，涯也。淇與隰皆有厓岸，以自拱持。今君子放恣心意，曾無所拘制。」**總角之宴，**總：聚集而紮。《毛傳》：「總角，結髮也。」王先謙《集疏》：「總角者，童女直結其髮，聚之為兩角。」宴：樂。《左傳‧成公二年》「衡父不忍數年之不宴」。**言笑晏晏。**言笑：言語笑說。晏晏：和悅貌。**信誓旦旦，**信誓旦旦：信誓：真摯之誓。旦旦：誠懇貌。**不思其反。**不思：想不到。反：反覆，變化。**反是不思，**是：這，這樣，如此。朱熹《集傳》：「曾不思其反覆以至於此也。」牟庭《詩切》：「不思其反，謂信其歡情苦誓，不思其後來反變也。反是不思，謂反於是者，曾不思及之也。」**亦已焉哉！**已：止，終止，引為「了結」。焉哉：語詞連用，至歎也。朱熹《集傳》：「既不思其反覆而至此矣，則亦如之何哉？亦已而已矣。」

〔1〕楊寬認為「《周禮》雖是春秋、戰國間的著作，其所述的制度已非西周時代的本來面目，夾雜有許多拼湊和理想的部分，但是其中所記的鄉遂制度，基本上還保

存著西周春秋時代的特點。」《〈周禮〉中的鄉遂制度》:「『國』的本義,是指王城和國都。在王城的城郭以內,叫做『國中』;在城郭以外,有相當距離的周圍地區,叫做『郊』或『四郊』。在『國』以外和『郊』以內,分設有『六鄉』,這就是鄉遂制度的『鄉』。從『郊』的廣義而言,所有『六鄉』地區,都可以稱為『郊』或『四郊』。對『野』而言,以王城為中心,連同四郊六鄉在內,可以總稱為『國』。

在『郊』以外,有相當距離的周圍地區叫『野』。在『郊』以外和『野』以內,分設有『六遂』,這就是鄉遂制度的『遂』。此外,卿大夫的采邑稱為『都鄙』,細分起來,有甸、稍、縣、都、鄙等名目。就『野』的廣義而言,指『郊』外所有的地區,包括『六遂』和『都鄙』等。

大體來說,王城連同四郊六鄉,可以合稱為『國』;六遂及都鄙等地,可以合稱為『野』。六鄉和六遂是分布在兩個不同的行政區域。」

「『鄉』和『遂』,不僅所居地區有『國』和『野』的區別,而且居民的身份亦有不同。在《周禮》中,『鄉』和『遂』的居民雖然都可以統稱為『民』,但是『六遂』的居民有個特殊的稱呼,叫『甿』、『氓』或『野民』、『野人』,『六鄉』的居民則可稱為『國人』。」(引按:「國人」參戰、服「國事」並有相當的政治權利,可看做「貴族」之基層群體,地位比「野」「鄙」之地以農業勞作而存在的「野人」要高得多。「野人」以被征服地原住民為主,或有未殺的俘虜在內)

《春秋時代各國的鄉遂制度》:「春秋時代有許多國家保留有這種鄉遂制度……還有顯著的一點,就是像《周禮》所說『六鄉』居民性質的『國人』在各國普遍存在。」(《西周史》,p421～p438)並見《召南·江有氾》注引童書業說。

〔2〕《地官·遂人》「凡治野,以下劑致甿,以田里安甿,以樂昏擾甿,以土宜教甿稼穡,以興鋤利甿,以時器勸甿,以強予任甿,以土均平政」,鄭玄注:「變民言甿,異外內也。甿猶懜,懜,無知貌也。致,猶會(引按:指征役)也。民雖受上田、中田、下田,及會之,以下劑(最低數量)為率,謂可任者家二人。樂者,勸其昏(婚)姻,如媒氏會男女也。擾,順也。時器,鑄作耒耜(lěisì)錢鎛(bó)之屬。強予,謂民有餘力,復予之田,若餘夫然。政讀為徵。土均,掌均平其稅。」錢、鎛,西周後期和春秋時兩種農具,後泛指農具。

賈公彥疏:「云『以下劑致甿』者,對六鄉之中,其家一人為正卒,已下皆為羨卒。此六遂之中,家一人為正卒,第二者為羨卒,自外並為餘夫,家取二人,為下劑致甿也。云『以田里安甿』者,田則為百畝之田,里則五畝之宅。民得業則安,故云安甿也。『以樂昏擾甿』者,男女人所樂,故云樂昏。飲食男女,人之大欲存焉,故

配以昏姻，即順民意也。『以土宜教甿稼穡』者，高田種黍稷，下田種稻麥，是教之稼穡。云『以興鋤利甿』者，鋤，助也。興起其民，以相佐助，是與民為利，故云利甿也。」羨卒，《小司徒》「凡起徒役，毋過家一人，以其餘為羨，唯田與追胥竭作」，賈公彥疏：「一家兄弟雖多，除一人為正卒，正卒之外，其餘皆為羨卒。云『唯田與追胥竭作』者，田謂田獵，追謂逐寇，胥謂伺捕盜賊。竭，盡也。作，行也。非直正卒一人，羨卒盡行，以其田與追胥之人多故也。」

〔3〕《地官・縣正》「若將用野民師田、行役、移執事，則帥而至，治其政令」，鄭玄注：「移執事，移用其民。」賈公彥疏：「云『若將用野民』者，言將事未至之時，預徵召野民也。言『師田』，謂出師征伐及田獵也。言『行役』，謂若巡狩及功役。言『移執事』，謂移徙用民以執事也。」

〔4〕「言既遂矣，至于暴矣。兄弟不知，咥其笑矣」，與《邶風・柏舟》「亦有兄弟，不可以據。薄言往愬，逢彼之怒」，說明春秋時代已經有了較為成熟的孟子所言「數口之家」之家庭，以家庭為單位的相對獨立居所和一定的生產資料或已有之——「禮崩樂壞」而「人民得實惠」，較之西周是一個巨大的社會進步。但女性的社會從屬地位也反映在了家庭人倫——至漢樂府詩《孔雀東南飛》，「我有親父兄，性行暴如雷，恐不任我意，逆以煎我懷」，「我有親父母，逼迫兼弟兄⋯⋯」

衛風・竹竿

「蓋《載馳》初聞衛難，欲控大邦，而未知「誰因誰極」。此篇（引按：指《泉水》）則所因所極之國，歷歷有之矣。至《竹竿》則作於衛難已定之後，故其詞多與《泉水》出入而較不迫切。彼曰「毖彼泉水，亦流于淇」，此曰「泉源在左，淇水在右」，且二詩皆曰「女子有行，遠父母兄弟」，末章皆曰「駕言出遊，以寫我憂」。蓋衛自渡河徙都以後，其河北故都胥淪戎狄，山河風景，舉目倉涼。是以泉源、淇水，曩（從前）所遊釣於斯，笑語於斯，舟楫於斯者，望克復以何時，思舊遊兮不再。一篇之中，三致意焉。詞出一人，悲同隔世。」

這是魏源於《詩古微》中考《載馳》、《泉水》和本詩皆為許穆夫人所作的話，無確證而有情理。衛國的淇水，從殷商流來，一路走過西周、春秋，經歷和見證了太多歷史的傷痛。或衛女，〔1〕或許穆夫人，或許穆夫人之媵妾，〔2〕在舒緩而平靜的追憶中，一種被陽光穿透的憂傷傾瀉於淇水之上，心底的思念和哀痛又何其深沉！（《文心雕龍》所謂「婉轉附物，惆悵切情」）

籊籊竹竿，籊籊（tì）：長而細之貌。《毛傳》：「籊籊，長而殺也。」陳奐《傳疏》：「殺者，纖小之稱。」以釣于淇。豈不爾思，不爾思：不思爾。遠莫致之。致：到達。《古詩十九首》有「馨香盈懷袖，路遠莫致之」句。

泉源在左，泉源：水名，在衛國城都西北，東南流入淇水。朱熹《集傳》：「泉源，即百泉也。在衛之西北，而東南流入淇，故曰在左。淇，在衛之西南，而東流與泉源合，故曰在右。」陳奐《傳疏》：「水以北為左，南為右。源泉在朝歌北，故曰在左，淇水則屈轉於朝歌之南，故曰在右。」淇水在右。女子有行，遠兄弟父母。

淇水在右，泉源在左。巧笑之瑳，瑳（cuō）：玉色鮮白。此指巧笑而現其牙齒之潔白。朱熹《集傳》：「瑳，鮮白色。笑而見齒，其色瑳然，猶所謂粲然皆笑也。」佩玉之儺。儺（nuó）：指行步有姿。《毛傳》：「儺，行有節度。」嚴粲《詩緝》：「儺，腰身婀娜也。」

淇水滺滺，滺滺（yōu）：狀水流貌。《毛傳》：「滺滺，流貌。」檜楫松舟。檜（guì）楫：檜木做的槳。檜，木名，檜柏。朱熹《集傳》：「檜，木名，似柏。楫，所以行舟也。」駕言出遊，言：連詞，而。參《召南·草蟲》注。以寫我憂。寫：通「泄」。參《邶風·泉水》注。

〔1〕《毛序》：「《竹竿》，衛女思歸也。適異國而不見答，思而能以禮者也。」

〔2〕姚際恒《詩經通論》：「《泉水》云，『女子有行，遠父母兄弟』，又云，『駕言出遊，以寫我憂』，此篇亦皆有之，夫兩人之作，或前或後，用其語可也，必無一人之作而兩篇重複者。……此或許穆夫人之媵——亦衛女——而思歸，和其嫡夫人之作，如此則用其語乃可耳。故愚於兩篇重句，益知主許穆夫人之作之說為非，而信其媵之作者之或是也。」

衛風·芄蘭

如果《桑中》為男子所喜，《芄蘭》則為女子所愛。漫長的艱難時世之歲

月裏，這些歌謠不知打發了他們和她們多少煎熬時光！生活苦難的承領者們的幽默與逗趣，代替了旁觀和閱讀者的憂傷與沉重——真正的高明與貢獻者，是「民間」這些歌謠的創作者們。

芄蘭之支，芄（wán）蘭：蘿藦，蔓生植物，結莢實。支：通「枝」。**童子佩觿。**童子：男子未冠之稱。男子年二十行加冠之禮。《禮記·冠義》：「古者冠禮，筮（占卜）日、筮賓，所以敬冠事。」觿（xī）：一種用來解結繩的錐子，用骨或玉製成，佩戴在身，也起裝飾作用。《內則》「左佩紛帨（引按：紛帨，或為拭器擦手之佩巾）、刀、礪（礪，磨刀石）、小觿、金燧（取火之器）」，鄭玄注：「小觿，解小結也，觿貌如錐，以象骨為之。」《毛傳》：「觿，所以解結，成人之佩也。」沈括《夢溪筆談》（卷三）：「芄蘭生莢支，出於葉間垂之，正如解結錐。」**雖則佩觿，能不我知？**能：馬瑞辰《通釋》：「能即乃也，乃猶而也。」知：聞一多《類鈔》：「知，是男女之間私相愛戀，與普通知字的涵義不同。」**容兮遂兮，**容：從容自得貌。遂：從容安閒貌。朱熹《集傳》：「容，遂，舒緩放肆之貌。」聞一多《類鈔》：「容、遂，雍容安閒貌。」**垂帶悸兮。**悸：行走時衣帶下垂而動。《毛傳》：「垂其紳帶，悸悸然有節度。」

芄蘭之葉，童子佩韘。韘（shè）：射箭時戴在右手大拇指上用以鈎弦的一種用具，多用骨製，也有玉製的，稱「扳指」。佩韘本也應是成人所為。《說苑·修文篇》：「能治煩決亂者佩觿，能射御者佩韘。」**雖則佩韘，能不我甲？**甲：通「狎」，親昵。《毛傳》：「甲，狎也。」陸德明《釋文》：「我甲，如字，狎也。《韓詩》作狎。」聞一多《類鈔》：「狎，戲也。這時的風俗，對於未婚的青年男女，社交似乎是自由的，一到成年結婚以後，便當隔離（引按：聞氏此說無稽），所以這個女子說：『你雖則成人而佩觿了，難道就不能和我相好了嗎？』……末二句言外之意是：『瞧你那假正經！』」朱東潤《詩三百探故》：「以次章『能不我甲（同狎）』之句推之，疑為女子戲其所歡之詞。」**容兮遂兮，垂帶悸兮。**

衛風·河廣

《毛序》「宋襄公母歸於衛，思而不止，故作是詩也」，鄭玄箋：「宋桓公夫人，衛文公之妹，生襄公而出。襄公即位，夫人思宋，義不可往，故作詩以自止。」宋桓夫人是齊子、衛戴公、衛文公的妹妹，許穆夫人的姐姐（《左傳·閔公二年》），為美艷絕倫的宣姜與衛宣公之子昭伯頑所生。何以為桓公所「出」，不得而知。

應該不涉「七去」[1]之嫌。以《閔公二年》宋桓公在黃河邊上接應被狄人打敗的衛人和立衛戴公於曹邑的記載看，妹夫於危難之中搭救妻兄，宋桓公也可能並未離棄其夫人。清人陳奐於《詩毛氏傳疏》中說：「當時衛有狄人之難，宋襄公母歸在衛，見其宗國顛覆，君滅國破，憂思不已，故篇內皆敘其望宋渡河救衛，辭甚急也。未幾而宋桓公逆諸河，立戴公以處曹，則此詩之作自在逆河以前。」一國將傾，十萬火急，宋桓夫人提筆寫一首詩差人送給有些嫌棄自己的宋桓公，宋桓公看後感念舊情而率師渡河救衛？（宋國是小國，夾在齊、楚兩大強國之間常常自身難保）

《左傳》故事，姑妄聽之。以其解《詩》是漢人為作「經學」之發明。但究竟是衛國何人思宋，同樣不得而知──衛國與宋國僅一河之隔，依其沉靜而痛切的言辭看，阻斷歸往之路的顯然不是天險而是人障！春秋事，多陰謀殘酷而絕少溫情。

誰謂河廣？河：黃河。也可能泛指河。**一葦杭之。**葦：蘆葦。杭：《毛傳》：「渡也。」《鄭箋》：「誰渭河水廣歟？一葦加之則可以渡之，喻狹也。」**誰謂宋遠？**宋：諸侯國名，子姓。開國君主是商王「紂」的庶兄微子啟。周公平定武庚後，把商的舊都周圍地區封給微子，建都商丘。春秋時宋為十二諸侯（魯、齊、晉、秦、楚、宋、衛、陳、蔡、曹、鄭、燕）之一，前286年為齊所滅。**跂予望之。**跂（qǐ）：企的借字，踮起腳跟。跂予，即予跂。《說文》：「企，舉踵也。」《鄭箋》：「誰謂宋國遠歟？我跂足則可以望見之。」

誰謂河廣？曾不容刀，曾：副詞，乃，竟。刀：通「舠（dāo）」，小船。《鄭箋》：「不容刀，亦喻狹，小船曰刀。」陸德明《釋文》：「刀，字書作舠。」**誰謂宋遠？曾不崇朝。**崇朝：終朝，一個早上。《鄭箋》：「崇，終也。行不終朝，亦喻近。」參《鄘風·蝃蝀》注。

〔1〕《大戴禮記‧本命》：「婦有七去：不順父母去，無子去，淫去，妒去，有惡
疾去，多言去，竊盜去。」《公羊傳‧莊公二十七年》何休注：「婦人有七棄、五不娶、
三不去：嘗更三年喪不去，不忘恩也；賤取貴不去，不背德也；有所受，無所歸不去，
不窮窮也。喪婦長女不娶，無教戒也；世有惡疾不娶，棄於天也；世有刑人不娶，棄於
人也；亂家女不娶，類不正也；逆家女不娶，廢人倫也。無子棄，絕世也；淫泆（yì）
棄，亂類也；不事舅姑棄，悖德也；口舌棄，離親也；盜竊棄，反義也；嫉妒棄，亂家
也；惡疾棄，不可奉宗廟也。」《孔子家語‧本命》也云云如語。皆漢以後的東西。

衛風‧伯兮

　　能夠「為王前驅」的執殳之「伯」無疑是「貴族」。婦人思盼丈夫的同時
卻又無不為其「邦之桀兮」而感到驕傲，而這又正是為君為王者所最願意看
到的情景——以《尚書‧周書》「八誥」（《大誥》《康誥》《酒誥》《梓材》《召
誥》《洛誥》《多士》《多方》）為發端，至春秋，周人的「思想政治」工作已
如此嫻熟地表現在了「文學作品」創作中。（「教化」以「文學」的面目出現
是文學的悲哀和權力的野蠻）

　　伯兮朅兮，伯：婦女對丈夫尊愛之稱。《鄭箋》：「伯，君子字也。」《孔
疏》：「伯、仲、叔、季，長幼之字，而婦人所稱云伯也，宜呼其字，不當言
其官也。此在前驅而執兵，則有勇力，為車右，當亦有官，但不必州長為之。」
〔1〕朱熹《集傳》：「伯，婦人目其夫之字也。」朅：偈（jié）之借字。偈：威
武健壯。《毛傳》：「偈，武貌。」參《衛風‧碩人》注。**邦之桀兮**。邦：邦
國。桀：指人才優秀傑出。《毛傳》：「桀，特立也。」《孔疏》：「傑者，俊秀
之名，人莫能及，故云特立。」意桀通「傑」。《鄭箋》：「桀，英桀，言賢也。」
朱熹《集傳》：「桀，才過人也。」**伯也執殳**，殳（shū）：兵器，竹製，長
一丈二尺，頭上不用金屬為刃，八棱而尖。《毛傳》：「殳，長丈二而無刃。」
為王前驅。前驅：戰車兩旁衛帥之武士。馬瑞辰《通釋》：「執殳先驅，為
旅賁（bēn）之職。」旅賁，威武有力之勇士。《三國志‧典韋傳》「形貌魁梧，
旅力過人」。《周書‧牧誓序》「武王戎車三百兩（輛），虎賁三百人，與受戰
於牧野」，孔穎達疏：「若虎之賁（奔）走逐獸，言其猛也。」

自伯之東，之：往。**首如飛蓬。**蓬：蓬草。飛蓬：意指頭髮散亂。**豈無膏沐，**膏：潤澤頭髮的膏油。沐：洗。朱熹《集傳》：「膏，所以澤髮者。沐，滌首去垢也。」阮籍《詠懷詩》有「感激生憂思，譆草樹蘭房。膏沐為誰施，其雨怨朝陽」句。蘭房，猶言香閨，即婦女居室。**誰適為容？**適：指到來，親近，愛悅。容：修飾，美容。朱熹《集傳》：「所以澤髮者，君子行役，無所主而為之故也。」馬瑞辰《通釋》：「《一切經音義》卷六引《三蒼》：『適，悅也。』此適字正當訓悅。女為悅己者容，夫不在，故曰『誰適為容』，即言誰悅為容也。」

其雨其雨，其：語助詞。有祈願意。朱熹《集傳》：「其者，冀其將然之辭。」**杲杲出日。**杲杲（gǎo）：從日，木上之日，太陽明亮狀。《毛傳》：「杲杲然日復出矣。」陳奐《傳疏》：「杲杲，日出之貌。」**願言思伯，**願：從心，思念、想念。《鄭箋》：「願，念也。……我念思伯，心不能已。」言：連詞，而。**甘心首疾。**甘心：情願。朱熹《集傳》：「冀其將雨，而杲然日出。以比望其君子之歸而不歸也。是以不堪憂思之苦、而寧甘心於首疾也。」又陳奐《傳疏》：「快意謂之甘心，憂念之思，滿足於心，亦謂之甘心。」

焉得諼草？焉：何，哪裏。諼草：即萱草，謂之忘憂草。《毛傳》：「諼草令人忘憂。」朱熹《集傳》：「萱草，合歡，食之令人忘憂。」李陵《贈蘇武詩》「願得萱草枝，以解饑渴情」。參《淇奧》注。**言樹之背。**言：而，乃。參《召南·草蟲》注引胡適說。樹：動詞，種植。背：房面南背北，背即北，此指房下的空地。《毛傳》：「背，北堂也。」姚際恒《通論》：「背，堂背也。堂面向南，堂背向北，故背為北堂。」**願言思伯，使我心痗。**痗（mèi）：《毛傳》：「病也。」

〔1〕「不必州長為之」是之於《毛傳》「伯，州伯也」之說，其疏曰：「言為王前驅，則非賤者。今言伯兮，故知為州伯，謂州里之伯。若牧下州伯，則諸侯也，非衛人所得為諸侯之州長也。謂之伯者，伯，長也。」孔穎達作為官方組織並指定責任人（另有顏師古、司馬才章、王恭、王琰等人）解讀「經義」，傳、箋都得顧及，

還要努力闡述出「新意」來，推求引申（創訓詁「義存於聲」「借聲為義」），常常要繞很遠以圓其說。太宗李世民（也就聽個總體情況彙報）十分讚賞，詔曰：「卿等博綜古今，義理該洽，考前儒之異說，符聖人之幽旨，實為不朽。」賜其絹帛三百段——孔穎達與皇帝交情不淺，加位不說，修訂《五禮》得三百段，諫太子又得黃金一斤，絹百匹。（《舊唐書·孔穎達傳》）

衛風·有狐

　　那遠方無裳無帶的「之子」是誰？是失國的士子還是漂泊淪落的孤旅羈人？群山綿亙，日暮寒塵，隻影向何去？詩中一顆牽動著的心，或使之於蒼天冷月之下，身已倦，心益堅。而最終——有誰又能知道是怎樣的結局呢？

　　有狐綏綏，綏綏：緩步徐行貌。馬瑞辰《通釋》：「是綏綏為徐行貌。……《詩》蓋以狐之舒徐自得，興無室家者之失所耳。」**在彼淇梁。**梁：堤堰，或截流攔魚的堤壩。《毛傳》：「石絕水曰梁。」參《邶風·谷風》注。**心之憂矣，之子無裳。**之：指代詞，此，這。裳：本義指下衣「裙」，此泛指衣服。

　　有狐綏綏，在彼淇厲。厲：水旁，水涯。《毛傳》：「厲，深可厲之旁。」王引之《述聞》：「厲謂水厓也。……水旁謂之側，亦謂之厲，水厓謂之厲，亦謂之側。」馬瑞辰《通釋》：「淇厲謂淇水之旁，正與河側同義耳。」**心之憂矣，之子無帶。**帶：衣帶。《毛傳》：「帶，所以申束衣。」陳奐《傳疏》：「無帶，謂無衣帶。」

　　有狐綏綏，在彼淇側。心之憂矣，之子無服。

衛風·木瓜

　　持續的戰爭之殘酷和政治之陰險，「永以為好也」成了人們的「春秋夢」。《木瓜》自我真誠之表白和「投」「報」之間的不對稱，恰好說明了對秩序之嚴重失衡的憂憤與焦慮、疲憊與祈盼。「風」詩之外，看看《史記》「世家」、《左傳》、《國語》之情景……

投我以木瓜，投：贈送。木瓜：植物名。一種落葉灌木，薔薇科。果實淡黃色，長橢圓形。味酸澀，有濃香氣。蒸煮或蜜餞後可供食用。姚際恒《通論》：「瓜種甚多，古今同然，故此特呼『木瓜』以別之，『木桃』『木李』乃因木瓜而順呼之。詩中如此類甚多，不可泥。其實桃、李生於木，亦可謂之『木桃』、『木李』也。」**報之以瓊琚。**瓊：赤玉，引為美玉、《毛傳》：「瓊，玉之美者；琚（jū），佩玉名。」馬瑞辰《通釋》：「瓊為玉之美者，因而凡玉石之美者通謂之瓊。」陳奐《傳疏》：「佩玉名者，雜佩非一，其中有名琚者耳。」詩中「瓊琚」、「瓊瑤」、「瓊玖」實際上是指各種玉石，不必拘泥其具體的玉石品種。**匪報也，**匪：非。**永以為好也。**吳闓生《會通》引顧廣譽云：「謂人有薄施於我，雖厚以報之，猶若不足為報，而願永以為好……此使之善言情也。」

投我以木桃，木桃：即桃。胡承珙《後箋》：「桃李皆木耳，自不必復稱為木，《詩》稱木桃、木李者，因上章木字以成文耳。」**報之以瓊瑤。**瑤：似玉的美石。《毛傳》：「瓊瑤，美玉。」陸德明《釋文》引《說文》：「瑤，美玉。」**匪報也，永以為好也。**

投我以木李，報之以瓊玖，玖：似玉之淺黑色石。朱熹《集傳》：「玖，亦玉名也。」**匪報也，永以為好也。**

王　風

　　《王風》之「王」，即「王都」、「王畿」之稱，指的是西周滅亡、平王東遷後的周王室「東都」洛邑區域——陸德明《毛詩音義》「王國者，周室東都王城畿內之地，在豫州，今之洛陽是也。幽王滅，平王東遷，政遂微弱，詩不能復雅。下列稱風，以『王』當國，猶《春秋》稱王人」。〔1〕

　　鄭玄《詩譜》「王風」者紀作「王城譜」：「王城者，周東都王城畿內方六百里之地。……始，武王作邑於鎬京，謂之宗周，是為西都。周公攝政，五年，成王在豐，欲宅洛邑，使召公先相宅。既成，謂之王城，是為東都，今河南是也。召公既相宅，周公往營成周，今洛陽是也。成王居洛邑，遷殷頑民於成周，復還歸處西都。至於夷、歷，政教尤衰。十一世幽王嬖褒姒，生伯服，廢申后，太子宜咎奔申。申侯與犬戎攻宗周，殺幽王於戲。晉文侯、鄭武公迎宜咎於申而立之，是為平王。以亂，故徙居東都王城。於是王室之尊與諸侯無異，其詩不能復雅，故貶之，謂之王國之變風。」

　　朱熹《詩集傳》：「王室遂卑，與諸侯無異，故其詩不為雅而為風。然其王號未替也，故不曰周，而曰王。」

　　「平王播遷，家室飄蕩」——這是崔述在《讀風偶識》中識解《王風·兔爰》時的話，也是於《王風》歷史背景的高度概括。沒有了「天下宗主」地位的周天子，仰賴一部分諸侯勉強撐持著王室，作為「詩歌」的《王風》因此也就多了些離亂之悲涼、去國之傷痛，多了些顛沛、傾軋之無奈，也多了些無望的期盼，苦澀的相思。

〔1〕《春秋‧莊公六年》「春，王正月，王人子突救衛」，杜預注：「王人，王之微官也，雖官卑而見授以大事，故稱人而又稱字。」賈公彥疏：

「僖八年《公羊傳》曰『王人，微者』，知此王人亦微者，故云『王人，王之微官也』。春秋之世，二字而子在上者，皆是字，故知子突是字。救衛必以師救，而文不稱師，於例為將卑師少，以卑官而帥少師救衛，不能使衛侯不入，是無功也。……時史惡諸侯逆王命，故尊王使，言子突雖則官卑，蒙王授以大事，故稱人而又稱字，貴王人所以責諸侯也。……《穀梁傳》曰『王人，卑者也，稱名，貴之也，善救衛也。救者善，則伐者不正矣』，杜意取彼為說，唯以子突為字耳。」

《春秋》紀事凡稱「人」而不名者，皆小國、弱國。儒家「尊王」，但任何試圖性的解釋都不能改變「諸侯逆王命」的政治情勢。「王人」又見《定公五年》、《僖公八年》、《僖公二十九年》等。

王風‧黍離

以莊子的才情，他可能不屑於讀《詩》。但《知北遊》中被衣為囓缺歌「形若槁骸，心若死灰。真其實知，不以故自持。媒媒晦晦，無心而不可與謀。彼何人哉」，很容易讓人將之與《黍離》聯想起來，當然不是「彼何人哉」與「此何人哉」的聯想。〔1〕

「《黍離》，閔宗周也。周大夫行役至於宗周，過故宗廟宮室，盡為禾黍。閔周室之顛覆，徬徨不忍去，而作是詩也。」「宗周」即一代王朝西周之都城鎬京，《毛序》牽合歷史——西周滅亡最傷痛者其實是始於孔子之儒家。「郁郁乎文哉」之「禮樂」是藉口，實則是「天子」的地位動搖了。《黍離》長短句一腔曲折，表現的是王畿地區政治人事糾葛。

彼黍離離，黍：植物名，禾本科，俗稱黍子，糜（méi）子。馬瑞辰《通釋》：「諸家說黍稷者不一。程瑤田《九穀考》謂黍今之黃米。稷今之高粱，其說是也。」離離：糜穗垂而疏密有致貌。朱熹《集傳》：「離離，垂貌。」**彼稷之苗**。稷：即高粱。程瑤田《九穀考》：「稷，今人謂之高粱，或謂之紅粱。」馬瑞辰《通釋》：「稷以春種，黍以夏種，而詩言黍離離稷尚苗者，稷種在黍先，秀在黍後故也。」苗：指抽穗結籽而未熟的高粱株體，非指青苗、禾苗。黍穗「離離」正是稷之穗實之時。**行邁靡靡**，行邁：遠行。《毛

傳》：「邁，行也。」馬瑞辰《通釋》：「《說文》：『邁，遠行也。』邁亦為行。對行言則為遠行，行邁連言，猶古詩云：『行行重行行』也。」靡靡：《毛傳》：「猶遲遲也。」**中心搖搖。**搖搖：同「愮愮（yáo）」。愮，從心，憂。《毛傳》：「搖搖，憂無所訴。」馬瑞辰《通釋》：「搖搖即愮愮之假借。《方言》：『愮，憂也。』」**知我者，謂我心憂，不知我者，謂我何求。悠悠蒼天，**悠悠：高遠之意。蒼天：《毛傳》：「據遠視之蒼蒼然，則稱蒼天。」見《爾雅‧釋天》。**此何人哉！**朱熹《集傳》：「既歎時人莫識己意，又傷所以致此者，果何人哉？追怨之深也。」

彼黍離離，彼稷之穗。行邁靡靡，中心如醉。醉：指精神恍惚。《毛傳》：「醉於憂也。」**知我者，謂我心憂，不知我者，謂我何求。悠悠蒼天，此何人哉！**

彼黍離離，彼稷之實。行邁靡靡，中心如噎。噎：堵心的感覺。《毛傳》：「噎，憂不能息也。」《孔疏》：「噎者，咽喉蔽塞之名，而言中心如噎，故知憂深不能喘息如噎之然。」**知我者，謂我心憂，不知我者，謂我何求。悠悠蒼天，此何人哉！**

〔1〕莊子至高之大境界，是參透世事人生後的精神自救。如果他之前「讀」過無數的「黍離」而後有《莊子》，則《黍離》的作者和吟唱者們應為莊子喜——他擁有了超脫的生存智慧；而後世人則應為莊子泣——他內心的痛苦與矛盾非一朝一世而致，也非一朝一世而能消彌。成玄英《莊子疏》：「歎蒼生之業薄，傷道德之凌夷，乃慷慨發憤，爰著斯論，其言大而博（引按：一作溥），其旨深而遠，非下士之所聞，豈淺識之能究！」

陳子龍《莊周論》：「莊子亂世之民也，而能文章，故其言傳耳。夫亂世之民，情懣怨毒，無所聊賴，其怨既深，則於當世反若無所見者。忠厚之士未嘗不歌詠先王而思其盛，今之詩歌是也。而辨激悲抑之人，則反刺詬古先以蕩達其不平之心，若莊子者是也。」

王風·君子于役

脈脈夕陽餘輝裏，雞塒（shí）牛舍旁的牽掛和惦念更為真實。《國風》時代，上自「大夫」下至「國人」（春秋時的「國」「野」界限已經打破，曾經的「野人」「氓」是要參戰的）皆不能掙脫政治牽繫之命運——僅《周南·卷耳》、《召南·殷其靁》、《邶風·擊鼓》、《齊風·東方未明》、《秦風·小戎》、《無衣》、《豳風·東山》等，又如何「征役詩」三字所能概言？《君子于役》尚「苟無饑渴」、「如之何勿思」，於《魏風·陟岵》已是「上（尚）慎旃哉，猶來無止」、「上慎旃哉，猶來無棄」「上慎旃哉，猶來無死……」希望之詞，結果常常是無希望。「人民」之於政權，卑如微塵。

君子于役，君子：尊愛之稱。朱熹《集傳》：「君子，婦人目其夫之辭。」于：往。《鄭箋》：「君子往行役，我不知其反期。」不知其期。曷至哉？曷：何，指何地。曷至，即至何。朱熹《集傳》：「今亦何所至哉？」雞棲于塒，塒：在牆上鑿的雞窩。《毛傳》：「鑿牆而棲曰塒。」《孔疏》引李巡：「寒鄉鑿牆為雞作棲曰塒。」見《爾雅注》。日之夕矣，羊牛下來。君子于役，如之何勿思？之：句中助詞。顧炎武《日知錄》：「『雞棲于塒，日之夕矣，牛羊下來。』君子當歸之時也。至是而不歸，如之何勿思也？」

君子于役，不日不月。不日不月：指沒有時日，無盡期。曷其有佸？佸：《毛傳》：「會也。」佸音見《邶風·擊鼓》注。雞棲于桀，桀（jié）：雞棲息的木樁。《毛傳》：「雞棲於杙為桀。」杙音見《周南·兔罝》注。日之夕矣，羊牛下括。括：到，來。《毛傳》：「括，至也。」陳奐《傳疏》：「下括即下來。」君子于役，苟無饑渴？苟：且，或許。苟無饑渴，擔憂而希望無饑渴。《鄭箋》：「苟，且也。且得無饑渴，憂其饑渴也。」

王風·君子陽陽

自前 770 年平王東遷，至前 403 年周威烈王承認韓、趙、魏「三家分晉」，三百多年所謂「春秋」時代周王室始終處於傷痛中——《毛序》：「《君子陽陽》，閔周也。」蘇轍《詩集傳》：「君子以賤為樂，則其言貴者不可居也。

雖有貴位而君子不居，則周不可輔矣。此所以閔周也。」「陽陽君子」執簧而舞，《國風》時代的黑色幽默。

　　君子陽陽，君子：指「執簧」之人。陽陽：通「揚揚」。《史記・晏子列傳》「晏子為齊相，出，其御之妻從門間而窺其夫。其夫為相御，擁大蓋，策四馬，意氣陽陽，甚自得也」。**左執簧，**簧：大笙。《毛傳》：「簧，笙也。」**右招我由房。**招：舞「招」之勢。由房：由，用。下「由敖」之由同。房，房中之樂。《毛傳》：「由，用也。國君有房中之樂。」胡承珙《後箋》：「房中，對廟朝言之。人君燕息時所奏之樂，非廟朝之樂，故曰房中。」見《儀禮・燕禮》。**其樂只且！**只、且（jū）：皆語助詞，連用加重語氣，猶「也哉！」參《邶風・北風》、《鄘風・柏舟》注。

　　君子陶陶，陶陶：樂貌。王先謙《集疏》：「《韓》說：陶，暢也。」**左執翿，**翿（dào）：通「纛（dào）」，用彩色鳥羽製成形似扇子的舞具。《毛傳》：「翿，纛也，翳也。」陳奐《傳疏》：「翳者，謂以翳覆頭也。」王夫之《稗疏》：「翿，羽舞也。執簧而用房中之樂，合笙也。執翿而用《敖夏》，合舞也。」**右招我由敖。**敖，或即「驁夏」。王夫之《稗疏》：「敖者，《九夏》之《驁夏》……驁、敖古字通用。」見《春官・鍾師》。**其樂只且！**

王風・揚之水

　　春秋格局，北有強晉，南有勁楚，弱小之國時時處在弱肉強食的危厄之中。東遷後的平王儘管財力和軍力皆捉襟見肘，但畢竟還是名義上的天下宗主，看諸侯臉色行事的同時還得設法派兵去戍守像申、呂、許這些小國──它們離王畿很近，何況申國又還是母親的故國。《揚之水》，一首戰地歌謠。河水的悠然長流和口語式的長短句使其顯得十分憂傷纏綿。

　　揚之水，揚：悠揚，悠悠。狀河水悠然向遠方流去。朱熹《集傳》：「揚，悠揚也。水緩流之貌。」**不流束薪。**束薪：紮捆成束的薪柴。聞一多《通義》：「『揚之水，不流束薪』，蓋水喻夫，薪喻妻，夫將遠行，不能載妻與俱，猶激揚之水不能浮束薪以俱流也。」參《周南・漢廣》注。**彼其之子，**彼：

指代詞。之子：《鄭箋》：「是子也。」「彼其之子」屢見《國風》，為一種固定的句式。黎錦熙《三百篇之「之」》：「其，語助。『彼其之子』，猶云『他那人』或『他們那些人』也。」**不與我戍申。** 戍：《毛傳》：「守也。」朱熹《集傳》：「戍，屯兵以守也。」申：國名，姜姓。《毛傳》：「申，姜姓之國，平王之舅。」朱熹《集傳》：「申，姜姓之國，平王母家。」**懷哉懷哉，曷月予還歸哉？** 曷：何。參《王風·君子于役》注。

揚之水，不流束楚。 楚：荊條。《毛傳》：「楚，木也。」《說文》：「楚，叢木，一名荊也。」參《周南·漢廣》注。**彼其之子，不與我戍甫。** 甫：國名，即呂國，姜姓。《毛傳》：「甫，諸姜也。」朱熹《集傳》：「甫，即呂也，亦姜姓。」王先謙《集疏》：「甫即呂國。《詩》《孝經》《禮記》皆作『甫』，《尚書》《左傳》《國語》皆作『呂』，『甫』『呂』古同聲。」**懷哉懷哉，曷月予還歸哉？**

揚之水，不流束蒲。 蒲：《鄭箋》：「蒲柳。」**彼其之子，不與我戍許。** 許：即許國，姜姓。《毛傳》：「許，諸姜也。」**懷哉懷哉，曷月予還歸哉？**

王風·中谷有蓷

《毛序》：「《中谷有蓷》，閔周也。夫婦日以衰薄，凶年飢饉，室家相棄爾。」朱熹《詩集傳》：「一女見棄，而知人民之困。周之政荒民散，而將無以為國，於此亦可見矣。」並以《召南·行露》、《江有汜》，《邶風·日月》、《谷風》等，見得「人民之困」〔1〕中的婦女之境遇；荒天亂世，仳（pǐ）離之女如此悲泣哀嘯，痛心的更有困頓和飄搖中的周王室。

一如後世無數憤世嫉俗和悲天憫人之詩人，春秋士人在描寫民間悲苦生活的同時，也宣洩著自己內心的憤懣與苦厄，「遇人之不淑」、「遇人之艱難矣」、「何嗟及矣……」

中谷有蓷， 中谷：即谷中，山谷之中。蓷（tuī）：植物名，即益母草，其性宜濕。朱熹《集傳》：「蓷……葉似萑，方莖白華，華生節間，即今益母

草也。」參《衛風‧碩人》注。嚴粲《詩緝》:「據《本草》,益母草生海濱池澤,其性宜濕。」**暵其乾矣**。暵(hàn):從日,乾燥貌。朱熹《集傳》:「暵,燥也。」馬瑞辰《通釋》:「暵義止為暵燥,即乾貌。」其:助詞,類「然」。胡承珙《後箋》:「暵其,與嘅其、條其、啜其四其字皆連上一字作形容之詞,非以其乾、其修、其濕相連也。」蓷本生於濕地,於此山谷之中而暵之,喻女子見棄。**有女仳離**,仳:《毛傳》:「別也。」陳奐《傳疏》:「《說文》:『仳,別也』。即引此詩本《傳》訓也。別,離,言相棄也。」**嘅其嘆矣**。《鄭箋》:「與其君子別離,慨然而歎。傷己見棄,其恩薄。」**嘅其嘆矣,遇人之艱難矣!**艱難:《毛傳》:「艱亦難也。」《鄭箋》:「所以慨然而歎者,自傷遇君子之窮厄。」陳奐《傳疏》:「艱難,謂飢饉也。艱難合二字一義。古人屬(zhǔ)辭,一字未盡,重一字以足之。」屬辭,撰寫詩文。

中谷有蓷,暵其脩矣。脩(xiū):指乾枯。《毛傳》:「脩,且乾也。」陳奐《傳疏》:「《說文》:『脩,脯也。』『脯,乾肉也。』乾肉謂之脯,亦謂之修,因之凡乾皆曰修矣。……《傳》不云『修猶乾也』,而云『脩,且乾也』者,且乾不盡乾也。」**有女仳離,條其歗矣**。條:長,引為「連續」。《毛傳》:「條條然歗也。」陳奐《傳疏》:「條條然者,嘯聲也。」歗:噓歗。**條其歗矣,遇人之不淑矣!**不淑:指婦人遭際之不善。朱熹《集傳》:「淑,善也。古者謂死喪飢饉皆不淑。蓋以吉慶為善事。」參《鄘風‧君子偕老》注。

中谷有蓷,暵其濕矣。濕:日曔(qī)」之借,將乾未乾。王引之《述聞》:「此濕與水濕之濕異義,濕亦且乾也。《廣雅》有曔字云:『曝也。』《眾經音義》引《通俗文》曰:『欲燥曰曔』。《玉篇》:『曔,丘立切,欲乾也。』古字假借,但以濕為之耳。」**有女仳離,啜其泣矣**。啜:哭泣時的抽噎。
〔2〕**啜其泣矣,何嗟及矣!**何嗟及矣:「嗟何及矣」之倒文。意「啜其泣矣」又能怎麼樣呢?

〔1〕較之西周,春秋時因社會變革和戰爭使「人民之困」更為持續、普遍,《王風‧中谷有蓷》是一個縮影,也是一個社會和政治之意象。至戰國,孟子一片苦心

推行「仁政」（其具體的願景設想遠超孔子之泛言），但「人民」還是處在「大旱之望雲霓」（《梁惠王下》）和「倒懸」（《公孫丑上》）之中。「時日害（曷）喪？予及汝皆亡」*（《梁惠王上》引《尚書・湯誓》）——天子、國君喪亡者何其多，但新主出現後「人民」依然「憔悴於虐政」（《公孫丑上》），「徯我後，後來其蘇」（《梁惠王下》引《商書・仲虺（huǐ）之誥》）不過無奈之極之祈願（原本是新政權為否定前政權而編撰）。而至六國滅，秦一統，苛政猛於虎，「人民」苦難深重更無以言說。君施「仁政」而民盡其力，不過儒家之夢。後世各色政權民無不竭其力而疲死無計，「省刑罰薄稅斂」（《滕文公上》）之「仁政」何見？

　　*偽孔傳：「比桀於日，曰：『是日何時喪？我與汝俱亡！』」欲殺身以喪桀。」《商書・湯誓》此句將「王」比於「太陽」而又產生「革命」之欲，見得中國先秦思想語境之複雜。以孟子言，《滕文公下》「誅其君，弔其民，如時雨降，民大悅。《書》曰：『徯我後，後來其無罰』」。「《書》曰」者阮刻本《尚書》不見，或逸篇，更多可能是孟子撰言。（北京大學中文系1957級編《中國文學發展簡史》將《商誓》句譯為「這個太陽什麼時候死亡，我願跟你一起滅亡」。中國青年出版社，1961年，p25）

　　〔2〕此借肖洛霍夫《靜靜的頓河》中的一段譯文讀「有女仳離，啜其泣矣」：「被風吹散的白雲在藍天上飄蕩、消失。太陽在蒸烤著滾燙的土地。……雲彩影子遮上了山坡上一片片的瓜地，遮上了被暑熱蒸曬得枯萎、倒伏的青草……在遠方，頓河沿岸藍色的山脊上，還有伴隨著黑雲的雲影在馳騁，可是瓜地上已經是一片琥珀黃色的、炎熱的中午時分，飄流的蜃氣抖動著，在地平線上翻滾，空氣中充滿了嗆人的泥土氣味和它養育出來的青草氣味。……娜塔莉亞被風吹得乾裂的嘴唇可憐地哆嗦起來……心裏積壓了很久的全部苦惱，突然爆發了，她慟哭起來。呻吟著扯下頭上的頭巾，臉趴到乾結的硬土地上，胸膛緊貼在地上，大哭不止，但是沒有眼淚。」（人民文學出版社，金人譯，1988年，p1653〜p1655）

王風・兔爰

　　「我生之初尚無為，我生之後漢祚衰。天不仁兮降離亂，地不仁兮使我逢此時。干戈日尋兮道路危，民卒流亡兮共哀悲。煙塵蔽野兮胡虜盛，志意乖兮節義虧。對殊俗兮非我宜，遭惡辱兮當告誰？」這是《胡笳十八拍》的第一拍。悲苦的蔡文姬於《兔爰》太熟悉，有著太深的理解，少年時熟讀的詩句不幸言中了自己日後離亂之身世。

　　《毛序》：「《兔爰》，閔周也。桓王失信，諸侯背叛，構怨連禍，王師傷敗，﹝1﹞君子不樂其生焉。」縱觀春秋史，「百憂」不獨桓王時（平王之孫），而「不樂其生」者，又豈只作《兔爰》者一人、數人？

　　有兔爰爰，爰爰（yuán）：從容自在貌。《毛傳》：「爰爰，緩意。」馬瑞辰《通釋》：「『有兔爰爰』，以喻小人之放縱，『雉離于羅』比喻君子之獲罪。」**雉離于羅。**離：同罹，遭遇，陷入。朱熹《集傳》：「言本張羅以取兔，今兔狡得脫，而雉以耿介反離於羅。以比小人致亂，而以巧計幸免；君子無辜，而以忠直受禍也。」羅：羅網。**我生之初，尚無為。**尚：庶幾。無為：《毛傳》：「尚無成人為也。」胡承珙《後箋》：「無為者，言不識不知，無所事事。次章『尚無造』，《傳》云：『造，偽也。』三章『尚無庸』，《傳》云：『庸，用也。』偽，即為也。無用，亦猶無為也。蓋因長大之後，多歷艱難，轉憶少不更事之時為足樂耳。」或曰為通「偽」，指偽詐之事。陳奐《傳疏》：「《傳》以『人為』釋《經》為字，為即偽也。凡成於人為謂之偽。」馬瑞辰《通釋》：「為與偽古通用，凡非天性而為人所造作者皆為也，即皆偽也。……此詩『尚無為』亦當讀偽，謂生初無詐偽之事，與無造同義。」**我生之後，逢此百罹。**罹：憂患，苦難。《毛傳》：「罹，憂。」陸德明《釋文》：「罹，本又作離。」陳奐《傳疏》：「《說文》無罹字，疑古《毛詩》作離。……離為憂，則『逢此百離』，猶下章『逢此百憂』耳。」**尚寐無吪！**寐：睡。吪（é）：從口，口動而言。無吪，即不想說話。《毛傳》：「吪，動也。」《鄭箋》：「今但庶幾於寐，不欲見動，無所樂生之甚。」方玉潤《原始》：「無吪、無覺、無聰者，亦不過不欲言、不欲見、不欲聞已耳。」

　　有兔爰爰，雉離于罦。罦（fú）：設有機關的網，能自動捕鳥獸，漢或名「覆車」。《毛傳》：「罦，覆車也。」**我生之初，尚無造。**造：與上章「為」同義。《爾雅·釋言》：「作，造，為也。」又《毛傳》：「造，偽也。」**我生之後，逢此百憂。尚寐無覺！**覺：《集傳》：「寤也。」吳闓生《會通》：「既無如之何，則惟有寤而不覺耳。」

　　有兔爰爰，雉離于罿。罿（chōng）：裝置機關的捕鳥網。朱熹《集傳》：「罿……即罦也。」**我生之初，尚無庸。**庸：《毛傳》：「用也。」義同「為」。又《鄭箋》：「庸，勞也。」**我生之後，逢此百凶。尚寐無聰！**聰：《毛傳》：「聞也。」無聰：不想、不要聽見。

　　〔1〕《孔疏》：「隱三年《左傳》曰：『鄭武公、莊公為平王卿士（杜預注：「言父子秉周之政」）。王貳於虢（注：「虢，西虢公，亦仕王朝。王欲分政於虢，不復專任鄭伯」），鄭伯怨王。王曰「無之」。故周、鄭交質。王子狐為質於鄭，鄭公子忽為質於周。王崩，周人將畀虢公政（注：「周人遂成平王本意」）。四月，鄭祭足帥師取溫之麥。秋，又取成周之禾（注：「四月，今二月也。秋，今之夏也。麥、禾皆未熟，言取者蓋芟踐之」）。周、鄭交惡。君子曰：「信不由中，質無益也……」』是桓王失信之事也。桓五年《左傳》曰：『王奪鄭伯政（注：「奪，不使知王政」），鄭伯不朝。』是諸侯背叛也。傳又曰：『秋，王以諸侯伐鄭……王為中軍；虢公林父將右軍，蔡人、衛人屬焉；周公黑肩將左軍（注：「黑肩，周桓公也」），陳人屬焉。』鄭伯御之，『曼伯為右拒，祭仲足為左拒，原繁、高渠彌以中軍奉公，為魚麗之陳（陣）……戰於繻葛……蔡、衛、陳皆奔，王卒亂，鄭師合以攻之，王卒大敗。祝聃射王中肩。』是王師傷敗之事也。」

　　《左傳》似小說，隱三年故事（《公羊傳》、《穀梁傳》均無紀，桓五年者唯「蔡人、衛人、陳人從王伐鄭」）是為「忠信」之說：「明恕而行，要之以禮，雖無有質，誰能間之？苟有明信，澗谿沼沚之毛（杜預注：「谿亦澗也。沼，池也。沚，小渚也。毛，草也」），蘋蘩蘊藻之菜，筐筥錡釜之器，潢汙（引按：潢、汙皆指積水。見《周南・采蘋》注引服虔云）行潦之水，可薦於鬼神，可羞於王公（注：「羞，進也」），而況君子結二國之信。行之以禮，又焉用質？《風》有《采蘩》、《采蘋》，《雅》有《行葦》、《泂酌》，昭忠信也。」

　　《左傳》因「情節」需要而大量引《詩》，也借人物之口解《詩》（正是後世戲劇的方法），其成書也正是「經學」、「讖緯」之時，《毛序》借隱三年事而「閔周」──以《周本紀》、《左傳》（隱三年至桓十五年）所紀，周桓王繼周平王開王室恥辱之漸，可「閔」之事太多。

王風・葛藟

　　《毛序》：「《葛藟》，王族刺平王也。周室道衰，棄其九族焉。」以高、曾、祖、父、己、子、孫、曾孫、玄孫九代說，周平王的「九族」當上溯屬「西周」者幽、宣、厲、夷，下延屬「春秋」者泄父（未及平王崩而死）、桓、莊、釐近二百年──所以棄其九族「不復以族食族燕之禮敘而親睦之」只是「經學」說辭，「風」詩中的「王人」不會有心情去「刺」前朝──活在當下已甚艱難。歷經了無數的世事和炎涼，「兄弟」之呼喚中蘊積著無望的憤慨與不平。以河邊的「緜緜葛藟（lěi）」起興，情之殷殷，轉身是一把辛酸淚。

　　緜緜葛藟，葛藟：葛和藟兩種蔓生植物。參《周南・樛木》注。**在河之滸。**滸：水邊。《毛傳》：「水厓曰滸。」《鄭箋》：「葛也，藟也，生於河之厓，得其潤澤，以長（cháng）大而不絕。」**終遠兄弟，**終：既，已。《毛傳》：「兄弟之道已相遠矣。」陳奐《傳疏》：「《傳》云『兄弟之道相遠矣』者，以『已』釋『終』，為全《詩》終字通訓。《既醉》傳又以終釋既字。終，既、已三字同義。」按：《既醉》見《大雅》，中有「既醉以酒」句。參《邶風・燕燕》注。（後世和近代也有將「既」作「已」用者，魯迅《故鄉》：「時候既是深冬，漸近故鄉時……」）**謂他人父。**謂：稱。**謂他人父，亦莫我顧。**莫我顧：即「莫顧我」之倒文。顧：理睬，顧眷。《鄭箋》：「謂他人為己父，無恩於我，亦無顧眷我之意。」

　　緜緜葛藟，在河之涘。涘（sì）：水邊。朱熹《集傳》：「水涯曰涘。」**終遠兄弟，謂他人母。謂他人母，亦莫我有。**有：同「友」，親近、友愛之意。陳奐《傳疏》：「有，猶友也。」王引之《述聞》：「有，謂相親友也。」

　　緜緜葛藟，在河之漘。漘（chún）：水邊。《爾雅・釋丘》郭璞注：「厓上平坦而下水深者為漘。」**終遠兄弟，謂他人昆。**昆：「昆弟」之昆。《毛傳》：「昆，兄也。」王國維《殷周制度論》：「逮克殷踐奄，滅國數十，而新建之國皆其功臣、昆弟，甥舅，本周之臣子。」「周人以尊尊、親親二義，

上治祖禰，下治子孫，旁治昆弟，而以賢賢之義治官。」由「昆」而「昆仲」、「昆玉」、「昆季」後成為稱他人弟兄的敬詞。**謂他人昆，亦莫我聞。**聞：同「問」，恤問。馬瑞辰《通釋》：「聞、問古通用，聞當讀如恤問之問。」

王風‧采葛

葛為多年生草本植物，纖維可織，葛布製成的葛巾是先秦不分貴賤之常服，所以「葛」字屢見先秦文獻，《周南‧葛覃》「葛之覃兮」、《魏風‧葛屨》「糾糾葛屨」、《禮記‧郊特牲》「葛帶榛杖」、《韓非子‧五蠹》「冬日麑裘，夏日葛衣」、《管子‧輕重篇》「治葛縷而為食」……「采葛」成為最常見的勞動場景之一。較之宮闈者婚姻，《采葛》、《丘中有麻》等散發著野草氣息的愛情應該是真實的。〔1〕

彼采葛兮。彼：指代詞。指採葛之事；或曰指採葛之女子。葛：葛藤。其皮可取纖維織成葛布。朱熹《集傳》：「采葛所以為絺綌。」參《周南‧葛覃》、《邶風‧綠衣》注。**一日不見，如三月兮。**

彼采蕭兮。蕭：蒿類（也即艾蒿），有香氣，採之用於祭祀。《毛傳》：「蕭所以供祭祀。」《孔疏》引《陸疏》云：「今人所謂荻蒿者是也。或云牛尾蒿，似白蒿，白葉莖粗，科生多者數十莖，可作燭，有香氣，故祭祀以脂爇（引按：爇音 ruò，點燃、焚燒）之為香。」**一日不見，如三秋兮。**三秋：《孔疏》「年有四時，時皆三月，三秋謂九月也。設言三春三夏，其義亦同，作者取其韻耳。」又姚際恒《通論》：「葛生於初夏，採於盛夏，故言『三月』；蕭採於秋，故言『三秋』；艾必三年方可治病，故言『三歲』。雖詩人之意未必如此，然亦巧合，大有思致。『歲』、『月』，一定字樣，四時而獨言秋，秋風蕭瑟，最易懷人，亦見詩人之善言也。」

彼采艾兮。艾：艾蒿。艾葉可供藥用，製成艾絨，可供針灸用。《毛傳》：「艾，所以療疾。」朱熹《集傳》：「艾，蒿屬，乾之可灸，故採之。」**一日不見，如三歲兮。**

〔1〕但是，《毛序》：「《采葛》，懼讒也。」《鄭箋》：「桓王之時，政事不明，臣無大小使出者，則為讒人所毀，故懼之。」蘇轍《詩集傳》：「朝有讒人，則不敢有為。採葛採蕭採艾，雖事之無疑者，猶不敢，畏往而有讒之者。是以一日不見君，而如三月之久也。」又馬瑞辰《毛詩傳箋通釋》：「葛為惡草，古人以喻讒佞。……以蕭艾為讒佞進仕之喻。此詩採葛、採蕭、採艾，蓋皆喻人主之信讒。」鄭玄「讒人所毀」不知何指？未見孔穎達有疏。《左傳·桓公十年》「虢仲譖其大夫詹父於王」，詹父「以王師伐虢」，周桓王似乎沒有表態什麼。

《離騷》：「余既滋蘭之九畹兮，又樹蕙之百畝。畦留夷與揭車兮，雜杜衡與芳芷。蘭芷變而不芳兮，荃蕙化而為茅。何昔日之芳草兮，今直為此蕭艾也？」以蕭艾喻變節、讒佞，蘇、馬等以其說詩——周、楚文化不同不說，戰國屈原距春秋周桓王已四百年。

王風·大車

《列女傳·貞順篇》「息君夫人」：「楚伐息，破之，虜其君，使守門，將妻其夫人，而納之於宮。楚王出遊，夫人遂出見息君謂之曰：『人生要一死而已，何至自苦？妾無須臾而忘君也，終不以身更二醮（jiào）。生離於地上，何如死歸於地下乎？』乃作詩曰：『穀（gǔ）則異室，死則同穴。謂予不信，有如曒（jiǎo）日。』息君止之，夫人不聽，遂自殺。息君亦自殺，同日俱死。楚王賢其夫人守節有義，乃以諸侯之禮合而葬之。」《列女傳》為儒家教化之作，這個美麗而淒涼的故事自然不可全信。但「穀則異室，死則同穴」的決絕也正合「烈女」的定位與維度。從「大車」和「毳（cuì）衣」嚮往性稱述和簡單的複沓聯章看，這正是一首歌唱愛情之民謠——春秋時的情誓如此剛烈。

大車檻檻，大車：大夫乘坐的牛車。《毛傳》：「大車，大夫之車。」「大夫」也常被用來借指或泛稱。檻檻：《毛傳》：「檻檻，車行聲也。」**毳衣如菼。**毳衣：獸的細毛，絨。此指用毳毛織成的布。《說文》：「毳，獸細毛也。」《毛傳》：「毳衣，大夫之服。」姚際恒《通論》：「毳衣，毛布衣。」菼：初生的蘆荻，淡綠色。《毛傳》：「菼……蘆之初生者也。」《衛風·碩人》「鱣鮪發發，葭菼揭揭」。**豈不爾思？**爾思：「思爾」之倒文。**畏子不敢。**

大車啍啍，啍啍（tūn）：重而慢之車行貌。《毛傳》：「啍啍，重遲貌。」
毳衣如璊。璊（mén）：赤色的玉。《毛傳》：「璊，䞓也。」䞓，赤色。䞓
音見《周南·汝墳》注。朱熹《集傳》：「璊，玉赤色，玉色備，則有赤。」
豈不爾思？畏子不奔。奔：聞一多《類鈔》：「私赴曰奔。」

　　穀則異室，穀：生，引為「活著」。《毛傳》：「穀，生。」《孔疏》：「生
則異室而居，死則同穴而葬。」陳奐《傳疏》：「凡穀皆訓善，唯此穀字與下
句死字作對文，故又訓生也。」**死則同穴。**同：朱熹《集傳》：「生不得相
奔以同室，庶幾死得合葬以同穴。」穴：墓穴。《鄭箋》：「穴，謂冢壙（kuàng）
中也。」**謂予不信，**信：誠實，可信任。**有如皦日！**如：此，這。皦：
通「皎」，明亮。《毛傳》：「皦，白也。」句為相誓之詞。朱熹《集傳》：「『謂
予不信，有如皦日』，約誓之辭也。」聞一多《類鈔》：「指日為誓，言有此
皎日為證也。」漢無名氏《穆穆清風至》「安得抱柱信，皎日以為期」。「抱
柱信」，《莊子·盜跖篇》：「尾生與女子期於梁下，女子不來，水至不去，抱
樑柱而死。」

王風·丘中有麻

　　朱熹《詩序辯說》「此亦淫奔者之詞」，但在《詩集傳》中未言此詩「淫
奔」，而是觀察到「婦人望其所與私者而不來，故疑丘中有麻之處，復有與之
私而留之者，今安得其施施然而來乎？」幽會的詭密和合歡之喜悅被山野的
蔥鬱和寧靜所淹沒了，天地之間有「我」而世不知！

　　丘中有麻，丘：《說文》：「丘，土之高也，非人所以為也……一曰四方
高中央下為丘。」**彼留子嗟。**彼：指代詞，那裡。留：容留。子：指其男
子。嗟：語助詞，嗟喜丘中之麻可容留其「子」。下章「國」亦助詞。姚際恒
《通論》：「『留』字是留住之留；『子嗟』、『子國』『子』字即下『之子』之『子』，
『之子』既非人名，則『子嗟』、『子國』亦非人名；『嗟』、『國』字只同助詞，
蓋詩人意中必先有『麻』、『麥』字而後以此協其韻也。意謂丘園之中有麻、
麥、李，彼且留而不出，故望其『來施施』與『來食』，而彼且不棄我，貽我

以佩也。」**彼留子嗟，將其來施施**。將：願。參《衛風·氓》注。施施：《鄭箋》：「施施，舒行，伺間獨來見己之貌。」又朱熹《集傳》：「施施（yí），喜悅之意。」《孟子·離婁下》「而良人未之知也，施施從外來，驕其妻妾」，趙岐注：「施施，猶扁扁，喜說之貌。」

　　丘中有麥，彼留子國。彼留子國，將其來食。食：馬瑞辰《通釋》：「《爾雅》：『食，偽也。』偽、為古通用。《左傳·哀公元年》『後雖悔之，不可食已』，猶言不可為已。《尚書》『食哉維時』，『食哉』猶言為哉，為哉猶言勉哉也。《魏志·華陀傳》『陀恃能，厭食事』，猶云厭為事也。皆以食為為。此詩『來食』猶云來為。」見《舜典》。按：以《衛風·氓》「自我徂爾，三歲食貧」，「食」或可解為「受」，引為「享」。

　　丘中有李，彼留之子。彼留之子，貽我佩玖。貽：贈。玖：似玉的黑色美石。《毛傳》：「玖，石次玉者。」聞一多《類鈔》：「玖，次於玉的黑色美石。」參《衛風·木瓜》注。